Dr. med. Anne Fleck | Dr. med. Jörn Klasen
Dr. med. Matthias Riedl | Dr. med. Silja Schäfer

Die Ernährungs Docs

Unser Anti-Bauchfett-Programm

Mit Rezepten von Martina Kittler und
Texten von Franziska Pfeiffer

Inhalt

Die Symbole bei den Rezepten

- Vegan
- Vegetarisch
- Fettgesund
  mind. 0,8 g mehrfach ungesättigte Fettsäuren (MUFS) pro 100 kcal
- Glutenfrei
- Laktosefrei
- Low Carb
  weniger als 30 Energie-% aus Kohlenhydraten

Das Bauchfett muss weg

Wenn es um die Gesundheit geht, schaden ein paar überschüssige Pfunde an Po und Hüfte nicht unbedingt. Ganz anders ist das beim Bauchfett. Es sieht nicht nur unvorteilhaft aus, sondern birgt auch eine Vielzahl an Risiken. Doch diesen können wir mit einer gesunden Ernährung wirkungsvoll begegnen.

Bauchfett kann jeden treffen. Meist setzt es sich im Laufe des Lebens recht hartnäckig fest. Das Alter und die Gene verstärken den Prozess, dürfen aber nicht als Ausrede herhalten. Denn zu viel sogenanntes viszerales Fett bildet sich auch bei jungen und selbst bei schlanken Menschen – vor allem als Folge von ungesundem Essen. Das überschüssige Fett in der Körpermitte ist in den letzten Jahren zunehmend als Verursacher für zahlreiche Zivilisationskrankheiten in den Fokus der Forschung geraten. Die hat erschreckende Erkenntnisse geliefert: Obwohl man von der inneren Verfettung häufig sehr lange nichts oder kaum etwas spürt, schreitet sie immer weiter voran. Ein anfangs unsichtbarer Speckgürtel legt sich um wichtige innere Organe und arbeitet dort wie eine Hormondrüse, die ungünstige entzündungsfördernde Botenstoffe in den ganzen Körper schickt. Das setzt einen Teufelskreis in Gang, aus dem man nicht ohne Weiteres wieder herauskommt. Die Folgen reichen von Arthrose und Typ-2-Diabetes über Herz-Kreislauf-Erkrankungen bis zu Krebs.

Im Gegensatz zum vergleichsweise harmlosen Fett an der Hüfte, an den Armen oder an den Beinen hat das Fettgewebe im Bauchbereich aber einen entscheidenden „Vorteil“: Es kann durch eine Ernährungsumstellung schneller verschwinden. Anders als oft angenommen, ist nicht in erster Linie das Fett der Übeltäter, sondern die Kombination aus zu viel Zucker, schlechten Kohlenhydraten, ungesunden Fettsäuren und zu wenig Ballaststoffen. An diesem Punkt setzt unsere Anti-Bauchfett-Strategie an. Es geht dabei nicht nur um die richtige Auswahl an Lebensmitteln, sondern auch um die Anzahl der Mahlzeiten und die Länge der Esspausen.

In Sachen Bauchfett gilt außerdem, was auch sonst zu einem gesunden Lebensstil gehört: Sie müssen sich bewegen. Deshalb finden Sie in diesem Buch Anregungen für körperliche Aktivitäten, mit denen Sie den Fettdepots im Bauchraum zu Leibe rücken können. Nutzen Sie unseren Rezeptteil im Anschluss an das einführende Theoriekapitel als Erste-Hilfe-Programm, um die gefährlichen Überschüsse in der Körpermitte loszuwerden. Und weil Ihre Gesundheit davon in vielerlei Hinsicht profitiert, sollten Sie die ausgewogene Anti-Bauchfett-Ernährung am besten für immer beibehalten.

Viel Erfolg und guten Appetit wünschen Ihnen

Warum ein dicker Bauch so gefährlich ist

Es sitzt lange Zeit unsichtbar zwischen lebenswichtigen Organen und treibt dort sein Unwesen, ohne dass wir es merken. Fettgewebe im Bauchraum produziert – anders als Körperfett an anderen Stellen – Stoffe, die unserer Gesundheit schaden. Das Risiko ist ähnlich hoch wie beim Rauchen.

Die Natur hat vorgesorgt und unseren Körper so angelegt, dass er auch Perioden überstehen kann, in denen es nichts zu essen gibt. Wie sonst hätten die Menschen vor Zehntausenden von Jahren überleben können? Unser Organismus besitzt die Fähigkeit, in guten Zeiten Depots für schlechte Phasen anzulegen. Dafür nimmt er sich überschüssige Energie, verwandelt sie in Fett und speichert es, um gewappnet zu sein, wenn es für eine Weile nichts Essbares gibt. Das hat einen ebenfalls überlebenswichtigen Nebeneffekt: Die Vorräte im Fettgewebe schützen vor Kälte und vor Wärme. Für die Sicherheitsdepots steht an verschiedenen Stellen Platz zur Verfügung: Zum einen gibt es das Unterhautfettgewebe (subkutanes Fett), zum anderen können auch Bauchraum, Muskelzellen, Knochen und Organe als Lager dienen.

Schaden im ganzen Körper

Das ist aber keine Dauerlösung, denn die Natur hat ein ständiges Zuviel nicht vorgesehen. Als Jäger und Sammler konnten unsere Vorfahren schließlich nicht über ihre Verhältnisse leben, was heute anders ist. Uns steht rund um die Uhr Nahrung zur Verfügung. Um in ihren Genuss zu kommen, müssen wir uns kaum noch körperlich anstrengen. Die Folgen: Wir essen zu viel, zu oft – und leider häufig auch noch das Falsche. Das setzt sich dann im ganzen Körper fest. Während zu viel Fett im Unterhautfettgewebe bis zu einem gewissen Maß nur ein ästhetisches Problem ist, richtet es im Bauchraum sehr schnell großen Schaden an.

Chronische Krankheiten nehmen zu

Bauchspeck produziert nämlich Botenstoffe, die krank machen. Das Fettgewebe zwischen den inneren Organen ist das größte Hormonspeicherorgan des Körpers, das mit Ausschüttungen in falschen Mengen zum falschen Zeitpunkt nahezu alle Zivilisationskrankheiten befeuert. Das reicht von Bluthochdruck und Herz-Kreislauf-Erkrankungen über Diabetes Typ 2 und Arthrose bis zu einem erhöhten Krebsrisiko. Je nachdem, wo es gespeichert wird, wirkt „abgedriftetes" Fett unterschiedlich. Als sogenanntes ektopes (außerörtliches) Fett kann es Entzündungen fördern, Gewebe schädigen, hormonbedingte Abläufe durcheinanderbringen, die Funktionen der betroffenen Organe einschränken und den Zucker- und Fettstoffwechsel stören. Die Leber spielt dabei eine zentrale Rolle. Wenn sie verfettet, schüttet sie ein schädliches Eiweiß (Fetuin-A) aus, das in den Blutkreislauf und in die Bauchspeicheldrüse gelangt und dort Entzündungen auslösen kann. Auch Krankheiten wie Depressionen, Osteoporose oder Nierenversagen stehen möglicherweise mit Fett an der falschen Stelle im Zusammenhang. Folgende Zivilisationskrankheiten kommen besonders häufig vor:

Diabetes Typ 2

Übergewicht begünstigt die Entstehung von Diabetes Typ 2 – das ist bekannt. Doch nicht nur das Gewicht, sondern speziell auch das Bauchfett fördert die Zuckerkrankheit. Das liegt unter anderem daran, dass die Wirkung des Hormons Insulin, das eigentlich den Blutzuckerspiegel senken soll, von Botenstoffen aus dem viszeralen Fett geschwächt wird. So entsteht eine Insulinresistenz. Die vom Bauchfett verschickten Botenstoffe machen die Insulinrezeptoren in den Körperzellen unempfindlicher, sodass Blutzucker nicht mehr in die Zellen gelangen kann. Die Blutzuckerwerte erhöhen sich, die Bauchspeicheldrüse schüttet noch mehr Insulin aus, bis sie nicht mehr kann – Diabetes Typ 2 entsteht.

Erhöhter Cholesterinspiegel

Die Folgen von Übergewicht und Bauchfett zeigen sich auch im Cholesterinwert und in den Gefäßen. Bei einem erhöhten Cholesterinspiegel lagert sich überschüssiges Blutfett an den Innenwänden der Gefäße ab; schädlich ist dabei aber nur ein hoher Anteil des „schlechten" LDL-Cholesterins (Low Density Lipoprotein). Bei gesunden Menschen ist Cholesterin als Bausubstanz für Zellwände und Nervenfasern und für die Hormonbildung wichtig. Kommt es aber nicht als „gutes" HDL-Cholesterin (High Density Lipoprotein), das Herz und Gefäße schützt, sondern als Folge von schlechter Ernährung als LDL-Cholesterin ins Blut, wird es gefährlich. Geschieht das über einen längeren Zeitraum, verengen sich die Gefäße. Das Blut kann schlechter durch den Körper fließen.

Herz-Kreislauf-Erkrankungen

Ein dicker Bauch erhöht auch das Risiko für Herz-Kreislauf-Erkrankungen. Das reicht von Arteriosklerose (Gefäßverkalkung) und Bluthochdruck über die koronare Herzkrankheit mit Herzinsuffizienz und Herzinfarkt bis zu Vorhofflimmern und Schlaganfall. Chronisch-entzündliche Gewebserkrankungen im Bauchfett erhöhen unter anderem das Thromboserisiko. In der Medizin spricht man vom metabolischen Syndrom, wenn Übergewicht, Bluthochdruck sowie erhöhte Blutzucker- und Blutfettwerte als „tödliches Quartett" zusammenkommen und die Gefahr von Zivilisationskrankheiten wie Herzinfarkt, Schlaganfall, Diabetes oder Krebs erhöhen. Auch die Niere kann geschädigt werden.

Außen dünn, innen dick: Gefahr für Schlanke

„Ich bin ja schlank, mir kann nichts passieren." Wer keine Gewichtsprobleme hat, wiegt sich leider oft in trügerischer Sicherheit, aber Bauchfett kann auch Menschen ohne Übergewicht treffen. Dabei sprechen Mediziner von den sogenannten TOFIs. Der Begriff kommt aus dem Englischen und steht für *thin outside, fat inside,* also „außen dünn und innen dick". Das heißt: Auch wer dünn bzw. normalgewichtig ist, kann ein zu hohes Maß an Körperfett haben und im Verhältnis dazu zu wenig Muskulatur. Im Rahmen einer Untersuchung aus Finnland zeigte sich, dass 34 Prozent der normalgewichtigen Männer und 45 Prozent der Frauen aufgrund innerer Verfettung ein erhöhtes Krankheitsrisiko haben. Der Mangel an Muskeln führt dazu, dass bestimmte Botenstoffe (Myokine) fehlen, die sonst das Herz schützen. Typische Warnsignale für TOFIs sind schmale Gelenke, eingefallene Schultern, ein Körper in der sogenannten Apfelform und wenig Muskulatur – vor allem an Beinen und Hüfte. Ob eine Insulinresistenz vorliegt, zeigt ein Test beim Arzt.

Lebererkrankungen

Lange Zeit galten vor allem Fett und Alkohol als Ursache für Schäden an der Leber. Mittlerweile hat sich gezeigt, dass insbesondere zu viele ungünstige Kohlenhydrate das Organ schädigen. Jeder zweite bis dritte Erwachsene über 40 Jahre hat Schätzungen zufolge heute eine verfettete Leber, die nicht als Folge von übermäßigem Alkoholgenuss entstanden ist, sondern ihre Ursache in falscher Ernährung und zu wenig Bewegung hat. Die nicht alkoholische Fettleber (NAFL) ist die weltweit häufigste Form der Erkrankung (siehe Seite 12 f.).

COPD, Alzheimer, Krebs

Ob bei Rauchern oder Nichtrauchern – die Entzündungsstoffe, die das Bauchfett aussendet, schädigen auch die Lunge. Studien konnten zeigen, dass die Wahrscheinlichkeit, die chronisch obstruktive Lungenerkrankung COPD zu bekommen, um 72 Prozent erhöht ist, wenn man einen Bauchumfang von 110 cm oder mehr (Frauen) oder 118 cm oder mehr (Männer) hat. Gewicht und Umfang sind allerdings nicht allein dafür verantwortlich, denn auch bei Untergewichtigen ist das Risiko für die Lungenerkrankung um mehr als 50 Prozent erhöht. Das liegt möglicherweise an einer schlechten Ernährung in Kombination mit zu wenig Muskelmasse.

Vor allem im Alter erhöht ein großer Bauchumfang das Risiko für Alzheimer und Demenz. Und nicht zuletzt hat das viszerale Fett auch einen Einfluss auf das Krebsrisiko, was sich auf chronisch-entzündliche Prozesse zurückführen lässt. Das gilt vor allem für Krebsarten, die den Magen-Darm-Trakt betreffen – zum Beispiel Bauchspeicheldrüsen-, Speiseröhren-, Darm- oder Leberkrebs.

Arthrose

Zu den Folgeerkrankungen von zu viel Bauchfett gehört auch Arthrose, eine Krankheit, die auf den ersten Blick wenig mit Bauchfett zu tun hat. Ob Knie, Hüfte, Finger oder Zehen – bei Arthrose kann es in mehreren Gelenken zu Schmerzen kommen, wenn sich die schützende Knorpelschicht zwischen den Knochen abreibt und irgendwann Knochen auf Knochen stößt. Die Knorpelschicht funktioniert bei Bewegungen normalerweise wie ein Stoßdämpfer. Der Verschleiß ist zum einen schlicht eine Folge des Älterwerdens, wird aber durch Überlastungen, Bewegungsmangel oder Fehlstellungen frühzeitig gefördert. Vor allem wird Arthrose heute als Entzündungskrankheit gesehen, denn es sind unter anderem die durch das Bauchfett befeuerten Entzündungen, die zum Knorpelabbau und zu Schmerzen führen. Eine Ernährungsumstellung kann daher nicht nur das Bauchfett, sondern auch die Entzündungen reduzieren. Gewichtsverlust entlastet zudem die Gelenke.

Verschiedene Ursachen

Ob wir gefährliches Bauchfett einlagern oder nicht, hängt nicht nur mit der Ernährung zusammen; teilweise wird es auch von den Genen bestimmt.

DIE ERNÄHRUNGS-DOCS

Rauchen ist ungesund, das weiß mittlerweile wohl jeder. Trotzdem greifen viele Menschen noch zum Glimmstängel – manchmal in der Hoffnung „Das hält mich schlank“. Doch Zigaretten und Co. sind keineswegs „Schlankmacher“, wie es häufig angenommen wird, sondern das Gegenteil ist der Fall: Raucher haben im Durchschnitt mehr viszerales Fett als Nichtraucher. Nikotin greift massiv in den Stoffwechsel ein und beeinflusst die Fettverteilung dahingehend, dass zu viel ungesundes Bauchfett entsteht.

Bunt und gesund – eine ausgewogene Ernährung hilft gegen Bauchfett und überschüssige Pfunde.

Wenig Bewegung, Rauchen, Alkoholkonsum, die Wechseljahre und das Geschlecht spielen ebenfalls eine Rolle. Männer sind häufiger von Bauchfett betroffen als Frauen. Während Frauen durch hormonelle Umstellungen mit den Jahren zwar insgesamt leichter zunehmen, wächst bei Männern vor allem der Bauchumfang überproportional. Das liegt am Fettverteilungsmuster, das beim männlichen Geschlecht – begünstigt vom Sexualhormon Testosteron – typischerweise eher eine Apfelform hat, während Frauen am Gesäß, an den Oberschenkeln und an den Hüften zunehmen (Birnenform). Unter gesundheitlichen Aspekten gilt hier: Hüftgold schlägt Bierbauch. Wenig bekannt ist die Tatsache, dass auch Stress die Entstehung von überschüssigem Fettgewebe im Bauchraum begünstigen kann. Dafür sind erhöhte Werte des Stresshormons Cortisol verantwortlich. Schlafmangel, Medikamente (z. B. Schmerzmittel), der Gesundheitszustand des Darms und hormonelle Erkrankungen tragen ebenfalls dazu bei, dass sich Bauchfett bildet.

Gestörte Sättigungshormone

Hinzu kommt: Bauchfett macht unnötig Appetit. Normalerweise regulieren Fettgewebshormone, sogenannte Adipokine, wichtige Prozesse zwischen Gewebe und Organen. Zu diesen Adipokinen gehört auch das Sättigungshormon Leptin; es sorgt in einem gesunden Körper dafür, dass wir uns satt fühlen, wenn der Magen entsprechend gefüllt ist. Viszerales Fett stört diesen Prozess, indem es das Gehirn mit zu großen Mengen Leptin versorgt (Übergewichtige haben zu viel davon im Blut). Das wiederum kann zu einer Leptinresistenz führen. Der Körper speichert dann überschüssige Energie, ohne den Hunger zu hemmen. Er reagiert so, wie er sich im Fall einer Hungersnot verhalten würde: Er senkt den Grundumsatz und speichert noch mehr Fett. Dadurch wird ein Teufelskreis in Gang gesetzt. Zusätzlich können chronisch-entzündliche Prozesse, die vom Bauchfettgewebe ausgehen, die Wirksamkeit des Leptins im Gehirn schwächen.

Ein gesunder Lebensstil

Um Bauchfett und überschüssige Pfunde loszuwerden, ist es mit einer schnellen Fett-weg-Diät nicht getan. Dafür ist eine dauerhafte Ernährungsumstellung notwendig (siehe Seite 18 ff.). Die sollte vor allem ausreichend Eiweiß zum Sattwerden, viel frisches Gemüse, zuckerarmes Obst, Ballaststoffe für einen starken Darm und Vollkorn- statt Weißmehlprodukte enthalten. Gleichzeitig gilt es, die ungünstigen Kohlenhydrate zu reduzieren und seinen Kalorienbedarf dem Energieverbrauch anzupassen (siehe Kasten Seite 35). Wichtig ist es auch, das richtige Fett auszuwählen. Auf Fertiggerichte, Zucker und Alkohol sollten Sie möglichst ganz verzichten oder sich diese nur in Ausnahmefällen genehmigen. Intervallfasten kann die Fettverbrennung ankurbeln, das Abnehmen beschleunigen und das Bauchfett schneller abbauen (siehe Seite 34). Und nicht zuletzt unterstützt ein gesunder Lebensstil mit viel Bewegung und einem guten Stressmanagement Ihr Anti-Bauchfett-Programm auf effektive Weise (siehe Seite 34 f.).

Ist mein Bauchumfang zu groß? So finden Sie es heraus

Um ein gesundes Gewicht zu ermitteln, ist die Waage allein nicht ausreichend. Denn sie berücksichtigt weder den Muskelanteil noch den Bauchumfang im Verhältnis zum Rest des Körpers. Lesen Sie hier, warum ein Maßband im Zweifelsfall besser ist und welche Messmethoden sich bewährt haben.

Für die meisten ist die Waage im Badezimmer das Maß aller Dinge. Essen wir zu viel, zeigt sie mehr an. Können wir uns eine Zeit lang zurückhalten, verlieren wir an Gewicht. Der Body-Mass-Index (BMI) gilt dabei als Orientierungspunkt. Daran können Sie erkennen, ob Sie normal- oder übergewichtig sind. Bei einem BMI von mehr als 18,5 beginnt das Normalgewicht, bis 25 liegt alles im grünen Bereich. Überschreitet der Wert die 30, wird es gefährlich; bei 35 beginnt der rote Bereich. Allerdings ist dieses Modell zur Einschätzung des Gesundheitsrisikos nicht sehr hilfreich. Denn der BMI berücksichtigt wichtige Faktoren wie die Muskelmasse, die Fettverteilung und den Fettanteil nicht. So finden sich zum Beispiel sehr muskulöse, sportliche Menschen leicht im Bereich des Übergewichts wieder, obwohl sie kein Gramm zu viel auf den Rippen haben, weil Muskeln schwerer als Fett sind. Dagegen gehen schmal gebaute Sportmuffel mit viel Bauchfett als normalgewichtig durch, auch wenn ihr figurbedingtes gesundheitliches Risiko viel höher ist.

Ein gesunder Bauchumfang

Um das eigene Risiko realistisch einzuschätzen, ist es deshalb ratsam, zum Maßband zu greifen und den Umfang an verschiedenen Stellen zu messen. Die schnellste und einfachste Antwort gibt der Bauchumfang. Der beste Zeitpunkt, um ihn zu messen, ist morgens vor dem Frühstück, wenn Sie noch nüchtern sind. Am besten legen Sie das Maßband mit freiem Oberkörper im Stehen vor dem Spiegel um den Bauch – und zwar zwischen der untersten Rippe und der Oberkante des Hüftknochens (Beckenkamm). Sie können sich auch am Nabel orientieren, da ist der Bauch am dicksten. Entspannen Sie sich und atmen Sie tief aus. Danach legen Sie das Maßband möglichst eng und gerade um den Körper und führen es vorn so zusammen, dass Sie die Maßzahl ablesen können. Ist der Umfang bei Frauen größer als 88 cm, sollten sie unbedingt abnehmen – dann hat sich schon reichlich Bauchfett gebildet und das Risiko für Herz-Kreislauf-Erkrankungen steigt. Gefährlich wird es bei Frauen bereits ab 80 cm. Für Männer gilt ab 102 cm Alarmstufe rot; aus gesundheitlichen Gründen sollten sie es aber gar nicht erst so weit kommen lassen und unter 94 cm bleiben.

Waist-to-Height-Ratio

Etwas umständlicher, aber aussagekräftiger ist die Waist-to-Height-Ratio (WHtR), bei der es um das Verhältnis von Taillenumfang und Körpergröße geht. Dafür teilen Sie Ihren Bauchumfang durch Ihre Körpergröße (jeweils in cm). Wie das Ergebnis einzuschätzen ist, hängt auch vom Alter ab. Für unter 40-Jährige gilt ein Wert über 0,5 als bedenklich. Zwischen 40 und 50 Jahren sollte das Resultat bei 0,5 bis 0,6 liegen; ab 50 ist 0,6 der Richtwert.

Waist-to-Hip-Ratio

Schließlich gibt es noch die Waist-to-Hip-Ratio (WHR, übersetzt: Taille-zu-Hüfte-Verhältnis). Dafür messen Sie Ihren Bauch- und Ihren Hüftumfang und teilen den Bauchwert durch den Hüftwert. Das Ergebnis sollte bei Frauen unter 0,85, bei Männern unter 1,0 liegen. Das System ist allerdings kritisch zu betrachten, denn das Verhältnis der Umfänge zueinander verbessert sich nicht nur, wenn die Taille schlanker, sondern auch wenn die Hüfte dicker wird. Sieht man davon ab, gibt auch dieser Wert Auskunft über die Verteilung der Fettreserven im Körper und Antwort auf die Frage, ob jemand eher ein Birnen- oder Apfeltyp ist. Bei gleichem BMI würde das gesundheitliche Risiko für Bluthochdruck, Diabetes, Fettstoffwechselstörungen oder Arteriosklerose bei einem Apfeltypen (eher Männer) größer sein als bei der Birnenform, die bei Frauen verbreiteter ist.

Körperfettwaagen

Wer wissen will, aus wie viel Fett und wie viel Muskeln der eigene Körper besteht, dem liefern sogenannte Fettwaagen die Antwort. Diese Auskunft hat vor allem für diejenigen, die abnehmen und sich mehr bewegen möchten, einen konkreten Wert. Denn: Wenn man seine Ernährung umstellt, weniger isst und mehr Sport (insbesondere Krafttraining) treibt, zeigen diese Waagen, wie sich der Muskelanteil erhöht und der Fettanteil bestenfalls verringert hat.

Bauchumfang messen

MÄNNER	Risiko für Übergewichtskrankheiten	FRAUEN
bis 94 cm	normal	bis 80 cm
bis 102 cm	mittel	bis 88 cm
über 102 cm	hoch	über 88 cm

Body-Mass-Index

gemessen werden Gewicht und Körpergröße

So berechnen Sie Ihren Body-Mass-Index:

$$\text{BMI} = \frac{\text{Körpergewicht (kg)}}{\text{Körpergröße (m)} \times \text{Körpergröße (m)}}$$

Beispielrechnung:

$$\text{BMI} = \frac{80\ \text{kg}}{1{,}80\ \text{m} \times 1{,}80\ \text{m}} = 24{,}7$$

BMI (Body-Mass-Index)	Untergewicht	18,5 Normalgewicht	25 Übergewicht	30 Adipositas (Fettsucht) 1. Grad	35 Adipositas (Fettsucht) 2. Grad	40 Adipositas (Fettsucht) 3. Grad
Gesundheitsrisiko		durchschittlich	gering erhöht	erhöht	hoch	sehr hoch

Vom Bauchfett zur Fettleber

Bauchfett ist ein klares Anzeichen für innere Fetteinlagerungen und ein Alarmsignal für die Leber. Denn wenn unser zentrales Stoffwechselorgan überfordert ist, droht eine Fettleber, die zu schweren Krankheiten führen kann. Unsere Leber verzeiht vieles – aber nicht alles!

Ein fester, dicker Bauch hat vor allem für die Leber fatale Folgen. Fetteinlagerungen in der Körpermitte, die nach außen als apfelförmiger Bauch sichtbar werden, sind ein klares Anzeichen für eine Fettleber. Und die ist fast immer auch der Beginn einer gesundheitlichen Schieflage, die den gesamten Organismus betrifft, denn die Leber ist die Schaltzentrale unseres Stoffwechsels. Sie gilt aber auch als „schweigendes Organ": Wenn sie leidet, klagt sie nicht. Oft wird eine kranke Leber nur zufällig entdeckt, weil sie nicht mit Schmerzen auf sich aufmerksam macht. Allerdings gibt es schleichende Symptome wie Müdigkeit, Schwäche oder Leistungsminderung. Wenn sich eine Fettleber um das Zwei- bis Dreifache vergrößert, kann es zu Druck im Oberbauch kommen. Doch auch ohne Symptome sollte sich niemand in Sicherheit wiegen. Neben Bauchfett geben regelmäßige Kontrollen – zum Beispiel durch eine Blutuntersuchung – frühe Hinweise auf den Zustand des Organs. Denn die Werte steigen nicht erst, wenn die Leber entzündet ist oder eventuelle Zeichen einer Gelbsucht auftreten. Erhöhte Leberwerte können auch ohne Entzündung auf eine Fettleber hindeuten. Ein Check beim Hausarzt, der die inneren Organe per Ultraschall beurteilt, kann frühzeitig Klarheit schaffen.

So wird die Diagnose gestellt

Für eine Diagnose wird ein Arzt oder eine Ärztin (Spezialisten für die Leber heißen übrigens Hepatologen) Sie nach Ihren Lebensgewohnheiten fragen: Wie sieht Ihre Ernährung aus? Wie viel Alkohol trinken Sie? Wie hoch ist Ihr Gewicht? Haben Sie Diabetes? Wie oft bewegen Sie sich? Drückt es öfter im Oberbauch? Häufig können Ärzte sogar ertasten, ob die Leber bereits vergrößert ist. Auch ein Ultraschall des Oberbauchs gibt Auskunft. Aus bestimmten Blutwerten (Triglyzeride und Gamma-GT), dem Body-Mass-Index (BMI) und dem Taillenumfang wird der Fettleber-Index errechnet, um die Diagnose abzusichern. Die Entnahme einer Gewebeprobe ist nur in seltenen Fällen nötig.

Das größte innere Organ

Betrachtet man die Leber in Relation zum ganzen Körper, fällt auf, dass sie ziemlich groß ist. Sie liegt im rechten Oberbauch unterhalb des Zwerchfells und füllt den Raum unter den Rippen fast komplett aus. Bei einem Erwachsenen wiegt die Leber etwa eineinhalb Kilo (zum Vergleich: Das Herz bringt es im Durchschnitt nur auf 350 Gramm) und besteht aus 250 bis 300 Milliarden Leberzellen. Sie ist damit unser größtes inneres Organ. Die Stoffwechselzentrale setzt sich aus zwei unterschiedlich großen Lappen zusammen, dem kleineren linken und dem größeren rechten Leberlappen. Im gesunden Zustand ist sie dunkelbraun und elastisch. Das, was zwischen den beiden Lappen wie ein Band aussieht, ist Bindegewebe, mit dem die Leber in der Bauchhöhle befestigt ist. In einer Aushöhlung auf der Unterseite der Leber liegt die Gallenblase, die Gallenflüssigkeit speichert.

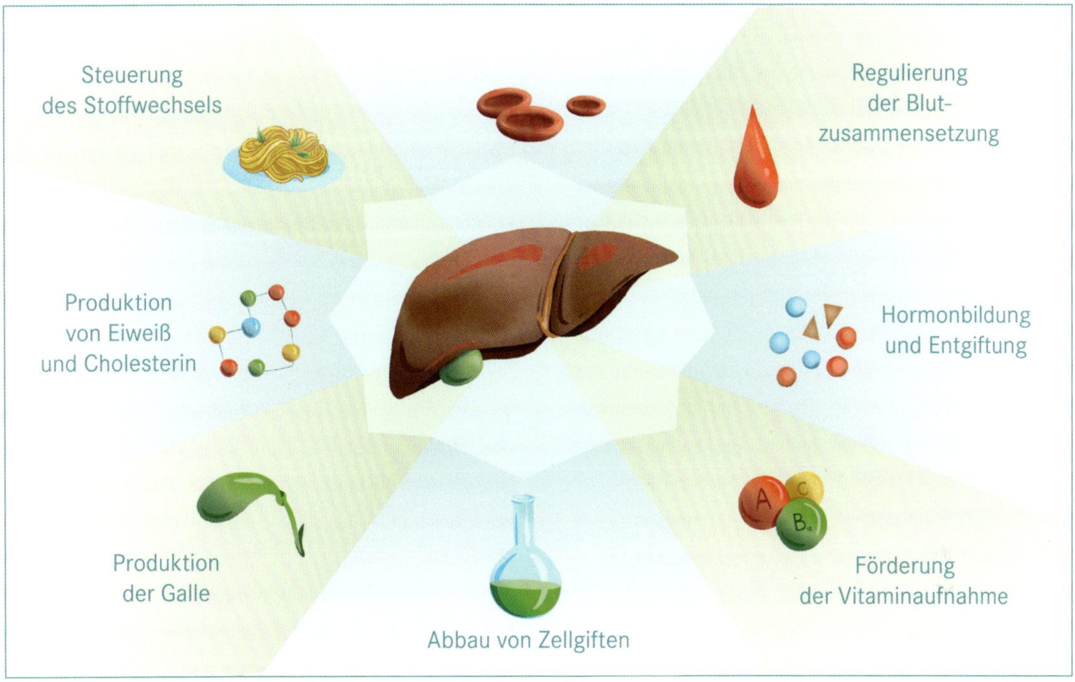

Die Leber hat vielfältige Aufgaben. Über verschiedene Stoffwechselvorgänge kann sie den Körper entgiften und gleichzeitig wichtige Stoffe produzieren.

Vielfältige Aufgaben

Die Leber funktioniert wie eine Chemiefabrik, in der ständig etwas produziert, umgebaut und weitergeleitet wird. Dabei muss sie jeden Tag 2000 Liter Blut filtern. Die Leber hat mehr als 500 lebenswichtige Aufgaben zu erledigen. Dazu gehört unter anderem:

- Die Steuerung des Stoffwechsels: Ob es um die Bildung von Vitaminen, Hormonen, Mineralstoffen, Fetten, Kohlenhydraten oder Eiweißen geht, die Leber ist an fast allen wichtigen Stoffwechselprozessen (auch an dem der Fruktose) beteiligt.
- Die Produktion von Eiweiß und Cholesterin: Die Leberzellen bauen Aminosäuren, die aus den Proteinen der Nahrung stammen, zu Enzymen, Antikörpern oder Blutgerinnungsfaktoren um. Außerdem produziert das Organ Eiweiße für den Transport von Fetten und Hormonen.
- Die Produktion von Galle: Die Leber produziert jeden Tag einen Liter gelb-bräunliche oder grüne Galle, die Fett in der Nahrung verdaulich macht.
- Die Förderung der Vitaminaufnahme: Die Leber speichert fettlösliche Vitamine (A, D, E, K) und Mineralstoffe wie zum Beispiel Eisen.
- Hormonbildung und Entgiftung: Die Leber baut Hormone (wie Östrogen und Testosteron), Wachstumshormone (IGF-1) und Insulin ab, während sie etwa das Schilddrüsenhormon und Vitamin D aktiviert. Indem sie schädliche Substanzen aus dem Blut filtert, entgiftet sie den Körper.
- Regulierung der Blutzusammensetzung: Die Leber stellt bestimmte Blutbestandteile her, dazu zählen wichtige Eiweißstoffe und Gerinnungsfaktoren.
- Abbau von Erythrozyten: Mit der Milz baut die Leber geschädigte und alte rote Blutkörperchen ab, es entsteht der Gallenfarbstoff Bilirubin.

Ein Organ, das sich erneuern kann

Die Leber hat einige erstaunliche Fähigkeiten. Sie kann sich zum Beispiel selbst erneuern. Mit dieser Eigenschaft ist sie in der Lage, Gewebe neu zu bilden – wenn zum Beispiel Gewebe zerstört oder im Rahmen einer Operation entfernt wurde. Die Medizin macht sich diese Fähigkeit zum Beispiel bei einer Lebertransplantation zunutze, bei der jemand für einen anderen einen Teil seiner Leber spendet. Denn ein gesunder Mensch kann auch dann noch gut weiterleben, wenn er nur noch ein Drittel seiner Leber hat – das reicht für alle nötigen Aufgaben.

Verschiedene Krankheiten

Zu den bekanntesten Lebererkrankungen zählt die Leberentzündung (Hepatitis). Sie wird meist von Viren ausgelöst, kann aber auch die Folge von Diabetes Typ 2, einer Stoffwechselerkrankung oder einer Fettleber (Steatosis hepatis) sein. Die sogenannte Schrumpfleber (Leberzirrhose) kommt ebenfalls vergleichsweise häufig vor, während autoimmune Leberkrankheiten relativ selten auftreten. Für Lebererkrankungen gibt es verschiedene Ursachen. Dazu gehören zum Beispiel Stoffwechselkrankheiten, Medikamente, Virusinfektionen oder falsche Ernährung.

Fettleber: Jeder Vierte ist betroffen

Schätzungen zufolge leidet etwa ein Viertel aller Erwachsenen an einer Fettleber. Damit ist sie die häufigste chronische Lebererkrankung in Deutschland. Lagert sich vermehrt Fett in der Leber ab, wächst das Organ und es kommt leichter zu Entzündungen. In der Medizin wird zwischen einer alkoholischen Fettleber (AFL) und einer nicht alkoholischen (NAFL) unterschieden. Eine fett- und kohlenhydratreiche Ernährung, die den Körper mit mehr Energie versorgt, als er benötigt, ist die Hauptursache für ihre Entstehung. Deshalb leiden Fettleberpatienten auch meist an mindestens einer weiteren Volkskrankheit wie Bluthochdruck, bauchbetontem Übergewicht oder Typ-2-Diabetes. Anfangs ist noch weniger als ein Drittel der Leber verfettet, es treten noch keine Entzündungen auf. In dieser Zeit – das ist die gute Nachricht – sind die Schäden mit einer Ernährungsumstellung reparabel. Die Leber kann sich erholen. Kritisch wird es im nächsten Stadium, wenn mehr als ein Drittel der Zellen verfettet ist, was etwa bei jedem zweiten Leberpatienten der Fall ist. Das Gewebe kann verhärten und vernarben. Hat das Organ nur noch wenige gesunde Zellen, droht eine Leberzirrhose, das Endstadium einer Leberschädigung, die etwa zehn Prozent aller Fälle trifft. Jetzt kann die „Chemiefabrik“ des Körpers ihre Entgiftungsaufgaben nicht mehr erfüllen. Das Risiko für Leberkrebs steigt. Am Ende kann nur noch eine Lebertransplantation das Leben retten.

DIE ERNÄHRUNGS-DOCS

Was auch sonst wichtig für die Gesundheit ist, gilt für die Leber erst recht: Trinken Sie ausreichend. Denn dann kann die Leber den Körper besser reinigen und Giftstoffe abtransportieren. Zur Orientierung: Pro Kilo Körpergewicht braucht jeder Mensch etwa 0,03 Liter Flüssigkeit täglich. Wer also um die 80 Kilo wiegt, sollte ungefähr zweieinhalb Liter am Tag trinken. Nach dem Sport und bei Hitze darf es ein halber Liter mehr sein. Am besten sind kalorienfreie Flüssigkeiten geeignet. Trinken Sie überwiegend Wasser oder ungesüßte Früchte- und Kräutertees. Wer Leitungs- oder Mineralwasser nicht pur mag, kann es mit etwas Zitronensaft, Ingwer, Melisse oder Minze aufpeppen.

Schluss mit dem Alkohol

Wer zu viel Alkohol trinkt, fördert die Einlagerung von Bauchfett und die Entstehung einer Fettleber. Schon geringe Mengen schädigen die Leber. Der Abbau von Alkohol ist Schwerstarbeit für das Organ.

Ein Abend in geselliger Runde, zu zweit oder allein gemütlich vor dem Fernseher - da ist schnell mehr Alkohol im Glas als geplant. Wer regelmäßig zu viel trinkt, lagert zunächst vermehrt Fett in der Leber an. Kommt es dadurch zu entzündlichen Veränderungen, drohen schwere Erkrankungen. Es verlangt der Leber einiges ab, den Alkohol wieder loszuwerden. Der Abbau ist Schwerstarbeit und bleibt nicht ohne Folgen: Chronischer Alkoholmissbrauch ist fast für die Hälfte aller Lebererkrankungen verantwortlich.

Stress für die Leber

Für die Leber ist Alkohol ein Giftstoff, der unschädlich gemacht werden muss. Pro Kilo Körpergewicht kann das Entgiftungsorgan bei Männern 0,1 Gramm, bei Frauen 0,085 Gramm des gesundheitsschädlichen Zellgifts in einer Stunde abbauen. Das bedeutet zum Beispiel für eine 60 Kilogramm schwere Frau, dass ihr Körper ungefähr drei Stunden braucht, um ein Glas Weißwein (200 Milliliter, enthält 25 Gramm Alkohol) abzubauen. Mit zunehmendem Alter fällt das der Leber übrigens immer schwerer. Deshalb gilt: Wer nicht ganz verzichten kann oder will, sollte seinen Alkoholkonsum so weit wie möglich reduzieren. Beim Abbau wandelt ein bestimmtes Enzym (Alkoholdehydrogenase) den Alkohol erst einmal in eine Zwischenstufe um, die giftig für den Körper ist. Danach kommt ein zweites Enzym zum Einsatz (Aldehyddehydrogenase), das das Gift zu Essigsäure abbaut. Passiert das nicht, kann Alkohol schon in geringen Mengen zu Kopfschmerzen, Übelkeit oder Herzrasen führen.

Bierbauch und Fettleber

Die erste Reaktion auf zu viel Alkohol sind Schädigungen der Zellfunktionen und der bekannte „Kater" danach. Wer dauerhaft über den Durst trinkt, riskiert noch mehr: Die Leber verwandelt Alkohol in Fett. Der klassische „Bierbauch" entsteht. Aus Fettablagerungen wird eine Fettleber (siehe Seite 14), die das frühe Stadium einer alkoholbedingten Lebererkrankung ist. Wichtig zu wissen: In dieser Phase ist es noch nicht zu spät. Wer sofort aufhört, Alkohol zu trinken, oder den Konsum konsequent auf ein Minimum reduziert, kann erreichen, dass sich die Fettleber erholt und zurückbildet.

Vorsicht, Alkohol! Reduzieren Sie den Genuss auf ein Minimum, denn die Leber baut Alkohol zu Fett um.

Neues aus der Forschung

Was hat zu viel Fett in der Körpermitte mit der Vitamin-D-Versorgung, dem Hormon Insulin, unserer Denkleistung und Yoga zu tun? Hilft grüner Tee gegen überschüssige Speckpolster? Die Wissenschaft ist einigen Fragen nachgegangen und fand überraschende Antworten.

NÜTZLICHE INSULIN-EMPFINDLICHKEIT

Wie Insulin im Gehirn wirkt, bestimmt nicht nur das Körpergewicht, sondern auch die Fettverteilung. Das fanden Wissenschaftler des Deutschen Zentrums für Diabetesforschung des Helmholtz Zentrums München und der Universitätsklinik Tübingen heraus. Das Fazit der Studie: Je höher die Insulinsensitivität im Gehirn ist, also die Fähigkeit der Zellen, effektiv auf das Hormon Insulin zu reagieren, desto leichter konnten Probanden ihr Bauchfett durch eine Verbesserung des Lebensstils reduzieren. Auch danach lagerten die Insulinsensitiven nur wenig Fett wieder an, während Insulinresistente lediglich in den ersten neun Monaten etwas Gewicht verloren und das Bauchfett schnell wiederkam. Jetzt soll erforscht werden, ob diese Erkenntnisse Ansätze für neue Therapiemöglichkeiten bieten, indem eine Insulinresistenz im Gehirn aufgehoben wird.

Erhöhtes Risiko für Brustkrebs

Um die Wechseljahre steigt das Brustkrebsrisiko bei Frauen mit erhöhtem Bauchumfang. Aus Daten über die Differenz zwischen Hüft- und Taillenumfang schloss eine Untersuchung, dass zunehmender Bauchumfang das Risiko, an Brustkrebs zu erkranken, vor allem in der Zeit unmittelbar vor und nach der Menopause erhöht. Der Zusammenhang war unabhängig vom Body-Mass-Index. Im Umkehrschluss gilt: Wer auf einen normalen Bauchumfang achtet, kann sein persönliches Risiko senken.

Grüner Tee gegen Bauchfett

Grüner Tee macht wach, wirkt entzündungshemmend und kann gegen Blähbauch helfen. Zudem enthält der Tee neben Vitaminen sogenannte Catechine, die als natürliche Antioxidantien die Fettverbrennung ankurbeln. Die Pflanzenstoffe (Flavonole) lassen den Blutzucker nach einer Mahlzeit langsamer ansteigen. In verschiedenen Studien zeigte sich, dass Probanden, die regelmäßig grünen Tee trinken (aber nicht mehr als 3 Tassen täglich), stärker abnahmen und mehr Fett am Bauch verloren als die Mitglieder einer Kontrollgruppe, die Placebo-Getränke bekamen.

Schlechtere Denkleistung

Zu viel Bauchfett beeinträchtigt unsere Denkfähigkeit. Einer Studie der Iowa State University zufolge liegt das daran, dass Entzündungsbotenstoffe, die das viszerale Fett freisetzt, die Aktivität des Immunsystems im Gehirn fördern – und zwar auf negative Weise. Denn die erhöhte Aktivität führt dazu, dass die Denkleistung beeinträchtigt wird und das Gehirn beim Denken weniger flexibel reagiert. Das trifft der Studie zufolge vor allem ältere Menschen.

Vitamin D unterstützt

Vitamin D ist nicht nur für die Knochen wichtig. Das Vitamin, das die Haut in der Sonne selbst bildet, hat auch einen Einfluss auf das Bauchfett. Wissenschaftler des niederländischen VU University Medical Centers und des Leiden University Medical Center fanden in einer Studie heraus, dass Frauen mit einem niedrigen Vitamin-D-Spiegel insgesamt mehr Fett hatten, der Anteil des überschüssigen Bauchfetts aber noch größer war als der an anderen Stellen. Männer mit einem niedrigen Vitamin-D-Spiegel verfügten über mehr Bauch- und Leberfett. Bei beiden Geschlechtern galt: je mehr Bauchfett, desto weniger Vitamin D. Offenbar steigt mit einem Vitamin-D-Mangel auch das Risiko für einen erhöhten Bauchumfang.

Yoga gegen Bauchfett

Yoga kann übergewichtigen Frauen helfen, ungesundes Bauchfett zu reduzieren. In Indien verglichen Wissenschaftler die Maße einer Gruppe von Frauen, die Yoga machten, mit denen von Probandinnen, die an einer Ernährungsberatung ohne die körperlichen Übungen teilnahmen. Ob BMI, Bauchumfang oder das Verhältnis von Taille zu Hüfte – alle Werte verbesserten sich bei den Yoga-Teilnehmerinnen. Bauchfett konnten vor allem Frauen im Alter zwischen 30 und 45 Jahren abbauen.

Effektiv gegen Bauchfett: Weniger und antientzündlich essen

Um Bauchfett loszuwerden, helfen keine Crashdiäten. Gefragt ist eine langfristige Ernährungsumstellung, die schlank macht und antientzündlich wirkt. Wichtig sind genügend Eiweiß sowie reichlich Gemüse mit lebenswichtigen Vitaminen, Mineral- und Ballaststoffen, aber wenig Kohlenhydraten.

Könnte man das Problem mit dem dicken Bauch nicht ganz schnell und unkompliziert lösen? Einfach eine Zeit lang gar nichts essen oder die Kalorien zumindest so drastisch reduzieren, dass die überschüssigen Pfunde von allein purzeln, um dann rank und schlank in den Alltag zurückzukehren und weiterzumachen wie bisher? Das hört sich verführerisch simpel an. Leider klappt es nie. Denn der Körper holt sich nach einer Hungerperiode nicht nur das zurück, was er entbehrt hat, sondern bringt gerne noch ein paar neue Kilos mit. Er bunkert jede Energie, die er bekommen kann. Die Folge: Der vergebliche Versuch macht nicht schlanker, sondern auf die Dauer dicker - der berüchtigte Jo-Jo-Effekt.

Raus aus der Bauchfett-Falle

Wenn es um die Reduktion von ungesundem Bauchfett geht, sollten Sie sich klarmachen: Sie müssen keine Modelmaße anstreben, um fit und gesund zu sein. Und Sie dürfen nicht hungern, um durchzuhalten. Es ist natürlich nötig, weniger Energie aufzunehmen, als Sie verbrauchen, um Übergewicht abzubauen. Oder den Energieverbrauch durch viel Bewegung und Sport zu erhöhen. Denn dann zapft der Körper bevorzugt die Energiespeicher im Bauch an. Das funktioniert nicht mit einer reinen Kalorienreduktion. Den meisten ist bereits sehr geholfen, wenn sie anders und nicht unbedingt weniger essen. Also mehr vom Richtigen und weniger vom Falschen, je nach Gewohnheit vielleicht mehr zu den Hauptmahlzeiten und weniger zwischendurch. Mehr Eiweiß und weniger Kohlenhydrate, mehr selbst gekochtes Gemüse und weniger Fast Food. Am besten gelingt die Umstellung, wenn Sie dabei in kleinen Schritten vorgehen (siehe Seite 35).

Mediterrane Ernährung beugt vor

Meist ist es nicht möglich, mit einer speziellen Ernährungsform gezielt an bestimmten Stellen abzunehmen. Dennoch zeigt eine Langzeitstudie der israelischen Ben-Gurion-Universität, dass die Mittelmeerdiät das viszerale Fett besonders effektiv bekämpft und dabei besser abschneidet als eine fettreduzierte Kost - mit dem netten Nebeneffekt, dass diese Ernährungsform auch noch die gesamte Gesundheit fördert. Zwei Probandengruppen bekamen im Rahmen der Studie die gleiche Kalorienmenge bei verschiedenen Diätformen. Beide nahmen fast gleich viel ab, die Fettverteilung fiel aber unterschiedlich aus. Die Mittelmeergruppe konnte ihr Bauchfett deutlich stärker als die Low-Fat-Gruppe reduzieren und zwar um ein Drittel mehr. Die Mittelmeerdiät ist keine Diät im herkömmlichen Sinne, sondern eine Ernährungsform, bei der vor allem viel saisonales Gemüse, Obst, gesundes Olivenöl, frische Kräuter, Nüsse und Fisch auf den Tisch kommen. Wenn Sie Ihre Ernährung entsprechend umstellen möchten, bedeutet dies:

» Mehr Gemüse essen

Machen Sie Gemüse zu Ihrem Hauptnahrungsmittel und Abnehmverbündeten. Ob Tomaten, Kohl oder Paprika - mit einer bunten Mischung bekommen Sie alles, was Sie brauchen. Dank der Faserstoffe und des hohen Wassergehalts füllt Gemüse den Magen, ohne dass Sie viele Kalorien aufnehmen müssen. Sekundäre Pflanzen-, Mineralstoffe und Vitamine stärken nicht nur die Abwehr, sondern auch die Zellen und wirken antientzündlich. Außerdem hat Gemüse gesunde Ballaststoffe im Gepäck, die die Verdauung anregen, den Darm fit halten und das Abnehmen unterstützen. Idealerweise steigern Sie Ihre täglich verzehrte Gemüsemenge auf 500 Gramm - am besten verteilt auf drei Portionen.

DIE ERNÄHRUNGS-DOCS

Eiweiß ist ein Anti-Bauchfett-Booster, aber auch TOFIs, die Muskulatur aufbauen wollen, können von proteinreichem Essen profitieren:

- Eiweiß sättigt lange, weil es im Magen gründlich vorverdaut werden muss und das Sättigungshormon GLP aktiviert.
- Weil seine Verwertung aufwendig ist, erhöht proteinreiches Essen auch den Energieverbrauch. Das hilft beim Abnehmen.
- Eiweißreiche Lebensmittel sind oft kohlenhydratarm und damit blutzuckerneutral.
- Eiweiß verhindert einen diätbedingten Muskelabbau und triggert zusammen mit Krafttraining den Aufbau von Muskulatur.

» Zuckerarmes Obst wählen

Keine Frage, Obst ist gesund und ebenso wie Gemüse reich an wertvollen Inhaltsstoffen, die unser Körper benötigt, um gesund und funktionstüchtig zu bleiben. Aber Obst ist nicht gleich Obst! Perfekt zum Abnehmen sind zuckerarme Früchte wie Beeren, säuerliche Äpfel, Wassermelonen oder Papayas. Süße Früchte hingegen enthalten viel Fruchtzucker (Fruktose), der im Verdacht steht, Bauchfett zu fördern und die Leber anzugreifen, sodass eine gefährliche Fettleber droht (siehe Seite 14). Das passiert allerdings nur, wenn Sie zum Beispiel Bananen, Ananas oder Trauben in sehr großen Mengen verzehren. Gefährlicher ist Fruchtzuckerkonzentrat als Süßungsmittel in Softdrinks und Fertiggerichten. Tipp: Obst passt am besten zum Frühstück oder als Dessert zum Mittagessen. Morgens und mittags ist der Stoffwechsel am aktivsten, die aufgenommene Energie wird dann am besten verwertet.

» Die Eiweißzufuhr optimieren

Eiweiß hat viele Funktionen und Talente, als Abnehmhelfer ist es auch eine wichtige Säule der Anti-Bauchfett-Ernährung (siehe Kasten). Denn wer ausreichend Eiweiß isst, bleibt länger satt und greift zwischendurch nicht unnötig zu Snacks und Süßigkeiten. Deshalb ist es beim Abbau von Übergewicht und zum Aufbau von Muskulatur wichtig, ausreichend Proteine zu sich zu nehmen. Neben guten tierischen Eiweißquellen wie Eiern, Milchprodukten und magerem Geflügelfleisch sollten Sie vor allem auf pflanzliche Proteinlieferanten wie Hülsenfrüchte und Nüsse setzen (siehe Seite 28).

» Auf die richtigen Carbs setzen

Eine zentrale Rolle im Kampf gegen das Bauchfett spielen auch die Kohlenhydrate. Die sollten Sie im Auge behalten. Dabei dürfen Sie keineswegs komplett darauf verzichten, denn Carbs gehören neben Fett und Eiweiß zu den drei lebenswichtigen

Makronährstoffen, die der Körper zur Energiegewinnung und als Fundament für alle Stoffwechselvorgänge braucht. Lernen Sie lieber, die guten von den schlechten zu unterscheiden. Ein Großteil der Kohlenhydrate hat auf einem gesunden Speiseplan tatsächlich nichts zu suchen und ist der Figur alles andere als zuträglich. Das gilt in erster Linie für Carbs aus Zucker und Weißmehl, also für Süßigkeiten, Kuchen, Kekse, gesüßte Fertigprodukte und Getränke. Gesunde langkettige bzw. langsam verdauliche Kohlenhydrate hingegen stecken vor allem in Hülsenfrüchten und Vollkornprodukten. Sie sättigen sehr gut und halten den Blutzuckerspiegel stabil, sodass es nicht zu Heißhungerattacken kommt.

Drei Tricks gegen Heißhunger

Anders als echter Hunger ist die Lust auf Süßes oder Salziges zwischendurch eher ein psychologisches Verlangen nach Belohnung als ein Zeichen dafür, dass Nährstoffe gebraucht werden. Um das zu vermeiden, helfen ein paar Tricks:

1. Essen Sie sich satt
Halten Sie einen festen Essrhythmus ein und planen Sie Ihre Mahlzeiten rechtzeitig. Lassen Sie keine Mahlzeit ausfallen und essen Sie immer, bis Sie satt sind.

2. Nutzen Sie natürliche Appetitzügler
Zwei Esslöffel Bio-Apfelessig, ein Wermuttee, eine Grapefruit zum Auslöffeln oder Bitterstoffe (siehe Kasten Seite 26) helfen zwischendurch. Sie können sich auch die Zähne mit einer Zahnpasta mit Minzaroma putzen, um den Appetit zu bremsen.

3. Bauen Sie Stress anders ab
Wenn Sie zu den typischen Stressessern gehören, die Druck mit Schokolade abbauen, ändern Sie Ihre Strategie. Gehen Sie nach draußen und machen Sie dort einen Spaziergang oder ziehen Sie sich zurück, um ein paar Minuten tief ein- und auszuatmen.

» Vollkorn statt Weißmehl

Sie essen gerne Nudeln, Reis oder Müsli und mögen belegte Butterbrote? Damit das nicht zu Fetteinlagerungen im Bauch führt, sollten Sie hierbei möglichst oft zur Vollkornvariante greifen. Das darin enthaltene Getreide ist nicht komplett geschält. Es ist reich an Ballaststoffen, die Entzündungen eindämmen und das Darmmikrobiom stärken. Allerdings haben diese Produkte auch reichlich Kalorien im Gepäck. Vor allem wer sich wenig bewegt, sollte deshalb bei Naturreis, Vollkornbrot und -pasta kleine Portionen wählen. Ein Sonderfall ist resistente Stärke: Sie entsteht beim Abkühlen von Nudeln, Kartoffeln oder Reis und kann vom Körper nicht verwertet werden.

» Zucker streichen

Leider ist es nicht so einfach, von heute auf morgen den Süßkonsum zu reduzieren, wenn man daran gewöhnt ist. Süß- und Zuckerersatzstoffe lösen das Problem nicht dauerhaft, denn sie verändern die Darmflora und befriedigen den Süßhunger nicht ausreichend. Hilfreich ist nur, den eigenen Geschmack umzutrainieren, also die Süße Schritt für Schritt zu reduzieren und keine Süßigkeiten mehr zu kaufen. Außerdem sollten Sie bei Früchten, Getränken und Fertiggerichten auf Fruchtzucker achten, der die Leber schädigen und Bauchfett fördern kann. Am besten hält man den Zuckerkonsum unter Kontrolle, wenn man selbst kocht – und Zucker als Gewürz und Genussmittel maßvoll genießt (siehe Seite 26 f.)

» Auf gutes Fett setzen

Keine Angst vor Fett – es muss nur das richtige sein. Das gilt auch beim Kampf gegen das viszerale Fett. Gute Fette und Öle sind für einen gesunden Speiseplan unverzichtbar (siehe Seite 30 f.). Sie machen sogar schlank, weil sich mit ihnen der Blutzuckerspiegel stabil halten lässt: Kombiniert man Kohlenhydrate mit Fetten, wie beispielsweise bei Spaghetti aglio e olio, steigt der Glukosewert im Blut langsamer an. Man fühlt sich auch länger satt, weil die Kohlenhydrate langsamer zerlegt werden, wenn gleichzeitig Fett verdaut werden muss. Studien zeigen: Wer viele gesunde Fette zu sich nimmt, entwickelt seltener Übergewicht. Zudem hemmen vor allem mehrfach ungesättigte Omega-3-Fettsäuren (MUFS), die zum Beispiel in fetten Seefischen, Nüssen, Hanf-, Lein- und Algenöl enthalten sind, Entzündungen im Körper, die von Botenstoffen aus Bauchfett hervorgerufen werden.

Fazit: Antientzündlich essen

Mit dieser Ernährungsstrategie stoppen Sie auch entzündliche Prozesse im Körper: Zum einen, weil das Bauchfett als Produzent und Versender von schlechten Botenstoffen eingeschränkt wird. Zum anderen aber auch, weil gesunde Lebensmittel bereits niedrigschwellige Entzündungen bekämpfen, die schleichend beginnen und sich im Labor kaum nachweisen lassen, im späteren Stadium aber in Stoffwechsel- und Herz-Kreislauf-Erkrankungen übergehen. In der Pyramide unten sehen Sie, wie sich eine antientzündliche Ernährung zusammensetzt. Den „Sockel" bilden Gemüse, Pilze, Nüsse und Samen – hier sind 500 Gramm täglich optimal. Kräuter und Gewürze gehören ebenso zur Basis wie Oliven und gesunde Öle, zu denen auch Fisch- und Algenöl zählen. Einen geringeren Anteil sollten Vollkornprodukte und zuckerarmes Obst ausmachen, Genussmittel bleiben die seltene Ausnahme.

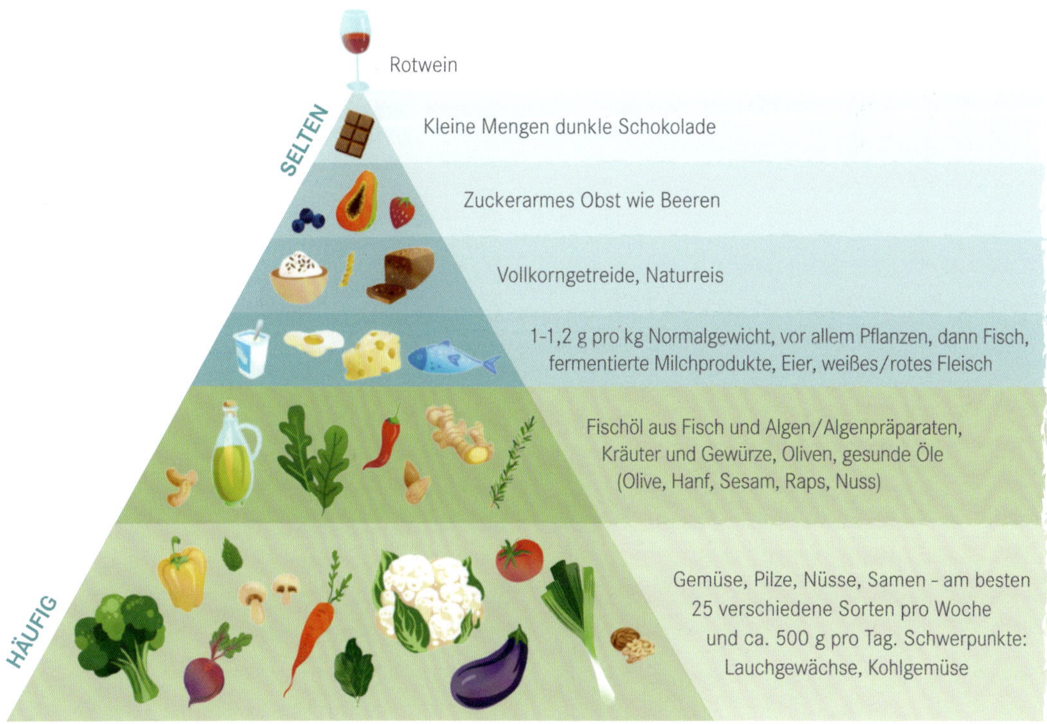

Top-Lebensmittel für die schlanke Körpermitte

Sie liefern wertvolle Nährstoffe, halten fit und machen schlank. Unsere Favoriten gegen ungesundes Bauchfett wirken außerdem entzündungshemmend und gut sättigend. Bringen Sie diese Lebensmittel als Anti-Bauchfett-Strategie möglichst oft auf den Teller.

ÄPFEL

Das Lieblingsobst der Deutschen ist ein echter Schlankmacher. Ein Apfel hat etwa 70 Kilokalorien und einen Wassergehalt von mehr als 80 Prozent. In seiner Schale stecken lösliche Ballaststoffe, die die Verdauung anregen. Zudem enthalten Äpfel Pektin, einen wasserlöslichen Ballaststoff, der die Fettspeicherung stoppt und das Hungergefühl reduziert.

BEEREN

Beeren sind gute Verbündete im Kampf gegen Bauchfett. Dunkle Sorten wie Brom-, Blau- oder Preiselbeeren haben noch einen weiteren Vorteil: Ihre Farbe verdanken sie sogenannten Anthocyanen aus der Gruppe der sekundären Pflanzenstoffe, die das Immunsystem fit halten und die Zellen schützen.

GRÜNES BLATTGEMÜSE

Ob Spinat, verschiedene Kohlsorten oder Salat – sie alle sind Top-Lieferanten für Vitamine, Mineral- und Bitterstoffe, haben wenig Kalorien und viele Ballaststoffe. Das darin enthaltene Kalium hat eine blutdrucksenkende Wirkung. Grünes Blattgemüse gilt zu Recht als heimisches Superfood. Wer zu Blähungen neigt, sollte es nicht abends und nicht roh essen.

EIER

Die in Eiern enthaltenen Proteine machen schnell und nachhaltig satt. Außerdem liefern sie essenzielle Aminosäuren, die die Verbrennung des Bauchfetts und den Muskelaufbau unterstützen (siehe Seite 19). Muskeln wiederum helfen dabei, effektiver Kalorien abzubauen. Besonders gesund sind Eier übrigens, wenn sie in Wasser gekocht werden. Wer sein Ei in Öl oder Butter brät, macht es dadurch unnötig kalorienreicher.

HAFERFLOCKEN

Sie gelten als das „Frühstück gegen Bauchfett“: Eine Portion Haferflocken (50 Gramm) enthält bei 170 Kilokalorien jeweils fünf Gramm Eiweiß und Ballaststoffe. Letztere regulieren den Blutzucker und binden ungesundes Cholesterin. Außerdem können Haferflocken als Sattmacher und Heißhungerbremse punkten. Darüber hinaus sind sie eine gute Quelle für wertvolle Mineralstoffe wie Eisen, Magnesium, Phosphor und Zink.

HÜLSENFRÜCHTE

Früher galten Hülsenfrüchte als Armeleuteessen. Heute schätzt man Erbsen, Bohnen, Edamame, Linsen und Co. aus gutem Grund als Superfood. Neben hochwertigem Eiweiß liefern sie komplexe Kohlenhydrate und reichlich Ballaststoffe, die die Verdauung unterstützen und den Blutzuckerspiegel stabil halten. Sie machen lange satt und lassen Pfunde schmelzen. In einer kanadischen Studie nahmen Hülsenfrüchte-Esser vor allem am Bauch ab.

NÜSSE

Sie eignen sich als Zutat zu einer Mahlzeit ebenso wie als sättigender Imbiss unterwegs. Nüsse (Hasel-, Cashew-, Walnüsse, Mandeln) sind zwar kalorienreich, unterstützen aber trotzdem das Abnehmen. Sie haben so viele gute Eigenschaften, dass man nicht darauf verzichten sollte. Nüsse sättigen hervorragend; ihr Fett besteht hauptsächlich aus gesunden Fettsäuren, die entzündungshemmend wirken.

MILCHPRODUKTE

Wer abnehmen möchte, darf nicht hungern. Deshalb brauchen Sie Eiweiß, das gegen Heißhunger vorbeugt. Milchprodukte wie Buttermilch, Joghurt, Quark, Käse oder Kefir helfen, den Proteinbedarf zu decken. Natürlich dürfen Sie nicht vergessen: Der ersehnte Waschbrettbauch entsteht nicht allein mit einer Extraportion Quark. Muskelaufbautraining gehört zum Anti-Bauchfett-Programm.

PILZE

Kaum Fett, viel Wasser und Eiweiß – das macht Pilze als Abnehmhelfer attraktiv. Dank der enthaltenen Ballaststoffe ist der Magen mit einer Pilzmahlzeit etwas länger beschäftigt und Sie bleiben auch länger satt. Mineralstoffe, Vitamine (vor allem B-Vitamine, manche Pilze enthalten sogar Vitamin D) und Spurenelemente machen Pilze besonders wertvoll. Ausgiebig gekocht sind sie leichter verdaulich.

PFLANZLICHE ÖLE

Flacher Bauch mit Pflanzenöl? Wer die richtige Sorte wählt, kann das erreichen. Leinöl, Rapsöl und Olivenöl eignen sich für eine schlanke und entzündungshemmende Küche. Vor allem Rapsöl fördert laut einer Studie der Penn-State-Universität in Pennsylvania mit seinem hohen Gehalt an einfach ungesättigten Fettsäuren den Abbau von Bauchfett. Am besten ist kalt gepresstes Rapsöl in Bioqualität.

FISCH UND ALGENPRÄPARATE

Trotz ihres hohen Fettgehalts sind Meeresfische wie Lachs, Hering, Makrele oder Sardelle gesund. Der Körper benötigt die darin enthaltenen Omega-3-Fettsäuren unter anderem für die Bildung von Leptin, das den Appetit zügelt, den Stoffwechsel reguliert und so die Fettverbrennung fördert. Leider sind Fische zunehmend von Umweltgiften belastet. Algen und Algenöl sind eine gute Alternative.

ZITRONE

Die gelbe Frucht gilt als Diät-Booster: Ein Glas warmes Wasser mit frisch gepresstem Zitronensaft morgens nach dem Aufstehen bringt nachweislich den Stoffwechsel auf Trab. Das darin enthaltene Vitamin C stärkt das Immunsystem und kurbelt die Produktion von Hormonen an, die den Fettabbau fördern. Kalium wirkt zusätzlich entwässernd. Der bittere Geschmack hemmt übermäßigen Appetit.

Raus aus der Zuckerfalle

Nicht nur der bekannte Haushaltszucker in Süßigkeiten und Co. begünstigt Bauchfett. Ungesunde Süße versteckt sich auch in herzhaften Produkten. Lesen Sie hier, wie Sie „heimlichen Zucker“ entlarven, warum Süßstoffe keine Lösung sind und vermeintlich gesunde Fruchtsäfte die Leber schädigen.

Die Liebe zu Süßem ist uns angeboren. Wenn etwas Zucker enthält, mögen wir es ganz besonders gern – manchmal sogar so gern, dass wir gar nicht mehr aufhören können. Das dürfte evolutionsbedingt sein. Denn einst galt: Was gut schmeckt, kann nicht giftig sein. Aus evolutionärer Sicht war es ein großer Vorteil, sich Fettreserven für schlechte Zeiten anzulegen und sich mit der wenigen verfügbaren süßen Nahrung den Bauch vollzuschlagen. Der Süßgeschmack signalisierte: Da stecken wertvolle Kalorien drin. Da es Beeren oder Honig nur selten gab, hielt sich die Völlerei zwangsläufig in Grenzen. Doch die Vorliebe für Süßes wurde weitervererbt und wird uns heute zum Verhängnis, weil für uns fast rund um die Uhr Zuckriges im Angebot ist. Die Deutschen konsumieren im Durchschnitt 35 Kilo Zucker pro Jahr, also etwa 100 Gramm täglich. Das ist mehr als ein Vierfaches von dem, was die Weltgesundheitsorganisation (WHO) als Höchstgrenze empfiehlt.

Erhöhtes Risiko für viele Krankheiten

Zucker greift unseren Körper auf gefährlich vielfältige Weise an und erhöht so das Risiko für zahlreiche Erkrankungen. Zunächst einmal gelangt das süße Gift besonders schnell ins Blut und lässt dort den Blutzuckerspiegel ansteigen. Der Körper produziert zum Ausgleich Insulin, das den erhöhten Spiegel wieder senken soll. Ein erhöhter Insulinspiegel wiederum führt dazu, dass der Organismus Fett einlagert – auch am Bauch. Das verstärkt die Gefahr, an Diabetes Typ 2 zu erkranken. Bluthochdruck, Herz-Kreislauf-Erkrankungen und Stoffwechselstörungen können ebenfalls die Folgen von zu viel Zucker sein. Zusätzlich greift eine zuckerreiche Ernährung die Zähne, die Gelenke und die Knochen an. Zucker fördert Entzündungen, verschlechtert die Zellfunktionen und lässt uns früher altern. Ein hoher Konsum gehört auch zu den Risikofaktoren für Krebs, denn bösartige Krebszellen ernähren sich von Zucker und wachsen schneller, wenn sie viel davon erhalten. Nicht zu vergessen: Der süße Krankmacher wirkt auch auf die Seele. Er tröstet nur kurzfristig. Ängste, Depressionen und Konzentrationsstörungen können sich verstärken. Das Demenzrisiko steigt.

DIE ERNÄHRUNGS-DOCS

Sie haben häufig Heißhunger auf Naschereien? Dann probieren Sie doch mal, mit Bitterstoffen dagegen anzugehen. Bitterstoffe zügeln den Appetit und bremsen den Süß-Jieper. Sobald sich Heißhunger meldet, nehmen Sie fünf bis zehn Tropfen Bitterstoffkonzentrat (erhältlich in der Apotheke). Die Substanzen zählen zu den sekundären Pflanzenstoffen, sind auch sonst sehr gesund, wirken verdauungsfördernd und unterstützen das Abnehmen.

Vorsicht vor verstecktem Zucker

Leider ist es nicht so einfach, auf Zucker zu verzichten. Denn selbst wenn Sie keine Zuckerwürfel mehr in den Kaffee geben und zuckrige Bonbons ab sofort links liegen lassen, kommt oftmals „heimlicher Zucker" ins Haus. Der versteckt sich da, wo wir ihn nicht vermuten: in Fertiggerichten wie Krautsalat, essigsauren Gurken, Fruchtjoghurt, Ketchup und Barbecue-Saucen, aber auch in Softdrinks, Säften, Dosenfrüchten, Knuspermüslis oder Müsliriegeln. Meiden Sie also Fertiggerichte und industriell verarbeitete Lebensmittel. Wenn Ihnen das nicht gelingt, gilt folgende Faustregel: Suchen Sie auf der Verpackung nach Zutaten, die mit -ose enden (zum Beispiel Saccharose, Fruktose, Glukose, Maltose). Das sind Tarnnamen für Zucker. Enthält ein Produkt mehr als fünf davon, sollten Sie es nicht kaufen.

Süßstoffe mit Nebenwirkungen

Künstliche Süßstoffe sind keine empfehlenswerte Alternative. Sie enthalten zwar keine Kalorien und keine Kohlenhydrate, doch sie haben andere Nachteile. So führt etwa das Gefühl, kalorienfrei naschen zu dürfen, leicht zum Zu-viel-Essen. Die Darmflora kann sich verschlechtern. Der Geschmackssinn stumpft ab, was wiederum die Gier auf Süßes erhöht. Außerdem können Süßstoffe wichtige Prozesse wie etwa die Regulierung des Blutzuckerspiegels stören und das Risiko für Diabetes Typ 2 erhöhen.

Achtung, Fruktose!

Meist sind die Verpackungen mit Bildern von frischen Früchten wie Orangen, Zitronen oder Äpfeln verziert. Ob Softdrinks, Obstsäfte oder Fruchtnektar – Getränke mit Obst profitieren vom gesunden Image, das die Früchte genießen. Doch leider weiß kaum jemand, dass der darin enthaltene Fruchtzucker (Fruktose) gesundheitsschädlich ist. Einst galt Fruktose als gesunde Alternative zu herkömmlichem Zucker. In den letzten Jahren ist ihre Wirkung aber immer besser erforscht worden. Dabei stellte sich heraus, dass vor allem die vermeintlich gesunden Fruchtsäfte eine fatale Wirkung haben. Unser Körper ist nicht dafür geeignet, um große Mengen an Fruktose zu verdauen; zu viel davon kann zu Bauchschmerzen und Durchfall führen.

Als Bauchfett gespeichert

Fruchtzucker verursacht und verstärkt Bauchfett. Das fanden Wissenschaftler im Rahmen einer Studie der Universität von Kalifornien in Davis heraus. Dafür hielten Probanden zehn Wochen lang einen Ernährungsplan ein, bei dem ein Viertel der Kalorien für eine Gruppe aus Fruchtzucker, für die andere aus Traubenzucker bestand. Beide Gruppen nahmen etwa 1,5 Kilogramm zu; in der Fruktosegruppe landeten die überschüssigen Pfunde am Bauch.

Fruchtzucker macht hungrig

Für die Leber ist er möglicherweise ähnlich giftig wie Alkohol – und das nicht nur bei Übergewichtigen. Denn wenn die Leber zu viel verarbeiten muss, verfettet sie mit dramatischen Folgen (siehe Seite 12 ff.). Hinzu kommt, dass Fruchtzucker eine stärkere Süßkraft hat und billiger zu produzieren ist als Haushaltszucker. Daher verwendet die Lebensmittelindustrie seine Süße häufig als hoch konzentrierten Sirup in Getränken und Fertigprodukten. Zum Dickmacher wird Fruchtzucker auch, weil er keine Ausschüttung des Sättigungshormons Leptin bewirkt. Er macht also eher hungrig als satt. Man isst mehr statt weniger. Das heißt aber nicht, dass jemand deshalb auf echtes Obst verzichten sollte. Ganze Früchte enthalten zusätzlich wertvolle Ballaststoffe. Vor allem zuckerarmes Obst (siehe Seite 19) gehört auf einen ausgewogenen Speiseplan.

Abnehmen mit Eiweiß

Die richtige Eiweißaufnahme fördert den Gewichtsabbau sowie den Muskelaufbau und ist ein Multitalent unter den Nährstoffen. Als Baustoff des Lebens gehören Proteine auf jeden gesunden Speiseplan. Sie stecken in tierischen und pflanzlichen Lebensmitteln. Lesen Sie hier, was bei den unterschiedlichen Quellen zu beachten ist.

Im Körper ist Eiweiß an vielen wichtigen Vorgängen beteiligt. Es transportiert Fett und Sauerstoff, wehrt Krankheitserreger ab, trägt zur Herstellung von Bindegewebe, Knorpeln und Muskeln bei und ist auch für die Gesundheit von Nägeln und Haaren verantwortlich. Beim Abnehmen spielt vor allem der hohe Sättigungsfaktor eine Rolle (siehe Seite 19). Mit ausreichend Eiweiß schaffen Sie es leichter, auf Snacks zu verzichten und die Esspausen zwischen den einzelnen Mahlzeiten zu verlängern bzw. Intervallfasten durchzuhalten. Die meisten denken beim Thema Eiweiß zuerst an tierisches Protein, an Käse, Eier, Milchprodukte, Fleisch und Fisch. Diese sind aber nur in geringen Mengen gut (etwa ein Drittel des Tagesbedarfs), denn ein Großteil der tierischen Eiweißquellen ist reich an gesättigten Fettsäuren, die Entzündungen fördern.

Grüne Proteine bevorzugen

Empfehlenswert ist deshalb das sogenannte grüne Eiweiß, mit dem sich der tägliche Proteinbedarf aus pflanzlichen Quellen decken lässt (zwei Drittel wären ideal). Pflanzeneiweiß ähnelt dem menschlichen Körpereiweiß allerdings nicht so sehr wie tierisches, es hat also eine geringere biologische Wertigkeit. Dieses Manko lässt sich aber dadurch ausgleichen, dass man über den Tag verteilt möglichst verschiedene pflanzliche Eiweißquellen zu sich nimmt: etwa ein Müsli mit Haferflocken zum Frühstück, eine Gemüsesuppe mit Bohnen als Mittagessen und abends ein Curry mit Spinat und Tofu. Mit solch einem Mix ist man auch als Vegetarier oder Veganer auf der sicheren Seite und muss sich keine Sorgen um einen etwaigen Muskelabbau oder Eiweißmangel machen. Ein weiteres Plus von pflanzlichen Proteinlieferanten: Sie enthalten meist auch viele Ballaststoffe, die uns lange satt machen und die Verdauung fördern. Auch deshalb sind Erbsen, Linsen und Co. die idealen Abnehmhelfer. Anders als tierische Lebensmittel liefern sie außerdem noch wertvolle Vitamine und komplexe Kohlenhydrate, Nüsse können zusätzlich mit gesunden Fetten punkten. Bei tierischen Proteinquellen sollten Sie zu magerem Fleisch, Geflügel und fettarmen Milchprodukten wie Milch oder Joghurt greifen – die haben weniger gesättigte Fettsäuren.

DIE ERNÄHRUNGS-DOCS

Wie viel Eiweiß sollte man essen? Mit einer ausgewogenen Ernährung kommt man meist von allein auf die richtige Menge. Ansonsten gilt die Faustregel: Pro Kilo Körpergewicht sollten es 1 bis 1,2 Gramm Eiweiß bei Gesunden sein. Schwangere, Stillende, Ältere oder Sportler brauchen mehr: 1,6 bis 2 Gramm pro Kilo Körpergewicht. Mehr Eiweiß aufzunehmen, bringt nichts, denn der Körper würde es dann nur in Fett umbauen.

Eiweißgehalt verschiedener Lebensmittel

Lebensmittel	Eiweißgehalt in g/100 g	Portionsgröße	Eiweißgehalt in g/Portion
Pflanzliche Lebensmittel			
Süßlupinenflocken	41	3 EL (50 g)	20
Tofu	14	100 g	14
Vollkornweizennudeln, roh	13	100 g	13
Amarant, roh	16	60 g	10
Quinoa, roh	15	60 g	9
Erbsen, grün, gegart	6	150 g	9
Haferflocken	14	6 EL (60 g)	8
Linsen, gegart	7	120 g	8
Kichererbsen, gegart	7	120 g	8
Champignons, gegart	4	200 g	8
Vollkornbrot	7	2 Scheiben (100 g)	7
Hirse, roh	11	60 g	7
Buchweizen, roh	10	60 g	6
Walnusskerne	17	30 g	5
Kartoffeln, geschält, gegart	2	250 g	5
Cashewkerne	21	20 g	4
Tierische Lebensmittel			
Rinderhüftsteak	21	1 Stück (150 g)	35
Hähnchenbrustfilet	21	1 Stück (150 g)	33
Lachs, gegart	20	150 g	30
Kabeljau	18	150 g	27
Matjesfilet	16	150 g	24
Magerquark	13	150 g	19
Feta (Schafskäse)	17	100 g	17
Parmesan	35	40 g	14
Mozzarella	20	½ Kugel (60 g)	12
Ei, gekocht	12	1 Stück (60 g)	7
Kuhmilch (1,5 % Fett)	3	1 Glas (200 ml)	6

Das richtige Fett gegen Bauchfett

Kann man Bauchfett mit Fett bekämpfen? Das hört sich erst einmal unglaublich an. Aber es ist möglich, wenn man das richtige auswählt. Denn gesundes Fett in Maßen bremst Heißhunger, macht schlank und hat eine antientzündliche Wirkung. Nur das falsche Fett ist schädlich.

Fett ist ungesund. Fett macht dick, und wer Übergewicht hat, sollte es unbedingt meiden. Das hört man immer noch recht häufig. Dabei ist die pauschale Verteufelung des Fetts aus ernährungswissenschaftlicher Sicht schon lange nicht mehr haltbar. Was auch sonst in Sachen gesundes Essen gilt, hat für überschüssiges Fett in der Körpermitte ebenfalls seine Berechtigung: Nicht Fett an sich macht fett, sondern nur das falsche schädigt die Gesundheit. Die gute Nachricht: Auch Übergewichtige und alle, die ihr Bauchfett loswerden möchten, dürfen gesunde Fette in Maßen genießen. Denn die können tatsächlich Pfunde purzeln lassen, weil sie länger satt halten, Heißhunger verhindern und Abnehmwillige dabei unterstützen, längere Esspausen ohne Snacks durchzuhalten. Außerdem wirkt gesundes Fett gegen entzündliche Prozesse im Körper, die durch Bauchfett hervorgerufen werden.

Fett ist besser als sein Ruf

Gesundes Fett kann auf diesem Weg das Risiko für chronische Krankheiten wie zum Beispiel Herz-Kreislauf-Erkrankungen senken. Vor allem Menschen mit Stoffwechselstörungen wie dem metabolischen Syndrom können die Gesundheit ihrer Fettzellen mit gutem Fett verbessern. Weitere Pluspunkte: Hochwertiges Fett hilft dem Organismus, Energiereserven anzulegen, und stärkt das Immunsystem. Wir brauchen den energiereichen Nährstoff als erstklassigen Geschmacksträger auch, um unsere Mahlzeiten lecker zu machen. Die Zeiten, in denen Fett pauschal als Dickmacher verteufelt wurde, sind zum Glück vorbei. In den letzten Jahrzehnten zeigte sich, dass nicht das Fett für die ständig steigende Zahl von Übergewichtigen verantwortlich war und ist, sondern vor allem Zucker und schnell verdauliche Kohlenhydrate.

Das richtige Fettsäureverhältnis

Insgesamt betrachtet wird zwischen zwei unterschiedlichen Fettgruppen unterschieden. Es gibt zum einen die gesättigten Fettsäuren, die vor allem aus tierischen Produkten stammen, zum anderen die einfach ungesättigten aus nativem Olivenöl extra vergine und die mehrfach ungesättigten Omega-3-Fettsäuren (MUFS), wie sie in fetten Fischsorten und Algenprodukten enthalten sind. Auch Nüsse (Wal-, Pekan- und Macadamianüsse) und Samen (Lein-, Chia- und Hanfsamen) sind reich an ungesättigten Fettsäuren. Wer nicht auf Fleisch verzichten möchte, sollte es von Wild oder von Tieren aus Weidehaltung essen, denn das hat eine bessere Fettsäurebilanz als das von Tieren aus Massenhaltung. Tierisches Fett hat seinen schlechten Ruf teilweise zu Unrecht. Denn vor allem Omega-3-Fettsäuren, die unter anderem in Fleisch aus Weidehaltung stecken, punkten mit antientzündlicher Wirkung. Am besten entfalten sie ihre Heilkraft im Wechselspiel mit Omega-6-Fettsäuren – und zwar im Verhältnis von Omega-6 zu Omega-3 von 3 : 1. Wer viel Getreide, Brot und Brötchen oder Omega-6-reiche Pflanzenöle isst, nimmt häufig zu viel Omega-6 auf.

Transfettsäuren bitte meiden

Unbedingt meiden sollte man die sogenannten Transfettsäuren. Diese künstlichen Fette entstehen beim Frittieren und bei der industriellen Verarbeitung, wenn Öle länger haltbar, fest und streichfähig gemacht werden. Transfette haben keinerlei gesundheitlichen Wert für den Körper. Im Gegenteil, sie können Entzündungen, Herz-Kreislauf-Erkrankungen, Insulinresistenzen und Bauchfett verstärken. Besonders gefährlich sind diese Fette, weil der Körper sie in ihrer Struktur nicht von den guten Fetten unterscheiden kann. Er baut sie in die Zellen ein, wo sie den Zellstoffwechsel stören. Transfette wirken sich am ungünstigsten von allen Fetten auf die Blutfette (LDL- und HDL-Cholesterin und Triglyzeride) aus. Sie vermeiden Transfette am besten, indem Sie auf verarbeitete und frittierte Lebensmittel wie Pommes frites, aber auch auf Kekse, Chips, Süßwaren, Fast Food und Fertiggerichte verzichten. An Hinweisen auf der Verpackung („zum Teil gehärtet" oder „enthält gehärtete Fette") können Sie das erkennen.

Ölwechsel in der Küche

Zu den gesunden Ölen mit antientzündlicher und schlank machender Wirkung gehören Oliven-, Lein- und Rapsöl. Beim Olivenöl sollten Sie auf den Zusatz „nativ extra" achten. Der bedeutet, dass das Öl schonend gepresst wurde, sodass wertvolle Inhaltsstoffe (Vitamine, ungesättigte Fettsäuren) erhalten bleiben. Leinöl ist hitzeempfindlich und sollte ebenfalls unter Ausschluss von Hitze, Licht und Sauerstoff kalt gepresst werden; es eignet sich – ebenso wie Rapsöl – besonders für die kalte Küche. Olivenöl mit dem Zusatz „nativ extra" ist auch zum höheren Erhitzen geeignet.

Kalt gepresstes Öl aus Leinsamen ist die beste pflanzliche Quelle für Omega-3-Fettsäuren.

Erkenntnisse mit kleinen Kuchen

Wie wichtig die Zusammensetzung einzelner Fettsäuren für die Gesundheit ist, zeigte das sogenannte Muffin-Experiment, das im Jahr 2014 für Aufsehen sorgte. Dafür wurden zwei Gruppen von Studienteilnehmern gebeten, sieben Wochen lang jeden Tag drei Muffins zusätzlich zu ihrer normalen Ernährung zu essen. Die eine Gruppe bekam Muffins, die mit Sonnenblumenöl (also ungesättigten Fettsäuren) hergestellt war, die andere Gruppe aß die kleinen Kuchen mit Palmöl (also mit gesättigten Fettsäuren). Die Folgen waren nicht zu übersehen: Die Teilnehmer beider Gruppen nahmen zu, doch nicht in gleichem Maße. Bei allen, die Muffins mit Sonnenblumenöl gegessen hatten, zeigte sich weniger viszerales Körperfett und mehr Muskelmasse. Die Gruppe der Probanden mit den Palmöl-Muffins wies dagegen mehr Körper- und auch mehr Leberfett auf. Das Muffin-Experiment zeigte somit anschaulich, dass gesättigte Fette das gefährliche Bauchfett erhöhen können.

Gewürze für die schlanke Küche

Scharfe Gewürze sind eine kleine feine Waffe gegen Bauchfett. Sie haben keine nennenswerten Kalorien, aber eine große Wirkung: Pfeffer, Chili und Co. regen die Verdauung an, tragen zur Entgiftung bei und bremsen Heißhunger.

CHILI

Chili enthält den Geschmacksstoff Capsaicin, der Energieverbrauch und Fettverbrennung ankurbelt. Wissenschaftler vermuten, dass Capsaicin dazu beiträgt, weißes Fettgewebe, das im Übermaß schädlich ist, in gesünderes braunes Fett umzuwandeln. Das braune Fett speichert keine Energie, sondern verbrennt sie, um Wärme zu erzeugen.

KREUZKÜMMEL

Kreuzkümmel enthält Pflanzenstoffe (Phytosterine), die wahre Wohltaten für den Körper sind: Sie verbessern die Cholesterinwerte, beruhigen Magen und Darm, regen den Stoffwechsel an und haben Fatburner-Potenzial. Kreuzkümmel passt zu Suppen und Eintöpfen ebenso wie zu Gemüse oder Fleisch.

SCHWARZER PFEFFER

In der Ayurveda-Medizin hat der schwarze Pfeffer mit seiner entzündungshemmenden Wirkung eine lange Tradition als Heilmittel gegen Verdauungsprobleme, Husten oder Fieber. Der darin enthaltene Pflanzenwirkstoff Piperin macht Pfeffer auch zum Schlankmacher-Gewürz. Zellen nehmen weniger Fett auf, wenn ein Gericht mit schwarzem Pfeffer gewürzt ist.

INGWER

Wer Heißhunger hat oder nach dem Essen nicht lange satt bleibt, sollte es mal mit Ingwer probieren. Im Rahmen einer Studie aus New York konnten Männer bis zu sechs Stunden ohne Snack auskommen, wenn sie zum Frühstück Ingwertee getrunken hatten. Die Wurzel gilt als bewährtes Hausmittel gegen Bauchfett. Sie wirkt außerdem schmerzstillend sowie entzündungshemmend und unterstützt die Verdauung.

CAYENNEPFEFFER

Zu oft Appetit auf Süßes, Fettiges oder Salziges? Wer sein Essen mit Cayennepfeffer bestreut, kann das verhindern, wie eine Studie zeigte. Bereits ein halber Teelöffel des Gewürzes bewirkt, dass Kalorien schneller und länger verbrannt werden. Der Körper produziert mit den kleinen Körnern selbst im Ruhezustand mehr Wärme. Außerdem bildet unser Organismus nach einem kalorienreichen Gericht weniger Fettzellen, wenn dieses Cayennepfeffer enthält.

SENF

Was hat der Scharfmacher mit den Muskeln zu tun? Einiges, denn Senf fördert die stoffwechselaktive Muskelmasse, verbessert Fitnesswerte und reduziert den Körperfettanteil. Studien zufolge wirkt Senf möglicherweise sogar vorbeugend gegen Krebs. Ein Teelöffel täglich ist ausreichend. Wenn Sie Senf statt Butter als Aufstrich verwenden, bringen Sie gesunde Würze aufs Brot und sparen Kalorien.

Mit Wissen und Motivation: So gelingt ein gesunder Lebensstil

Weil der Bauch sich nicht einfach schnell weghungern oder abtrainieren lässt, ist ein gesunder Lebensstil langfristig die beste Strategie gegen Bauchfett. Abnehmen, eine Ernährungsumstellung, viel Bewegung und Stressreduktion sind die beste Basis dafür.

„Ich möchte meinen Bauch loswerden." Das wünschen sich viele. Leider ist es mit einer einzigen Maßnahme nicht getan, denn der Körper kann nur gesund, schlank und fit bleiben, wenn der ganze Lebensstil darauf ausgerichtet ist. Das heißt: Sie brauchen ein umfassendes Programm zur Gewichtsreduktion mit besserem Essen, mehr Bewegung und weniger negativem Stress.

Bei Übergewicht abnehmen

Während es für schlanke Menschen mit unsichtbarem Bauchfett nur darum geht, sich gesünder zu ernähren, ist das Abnehmen bei Übergewichtigen ein wichtiger Teil der Therapie. Unsere Ernährungsempfehlungen sind keine Crashdiät, die in kurzer Zeit große Abnehmerfolge verspricht, sondern sollten als langfristige Ernährungsumstellung verstanden werden. Das muss in der Regel nicht schnell gehen. Lassen Sie sich lieber Zeit und verändern Sie Ihre Gewohnheiten in kleinen Schritten. Denn Sie sollten nicht nur Ihr Essverhalten verbessern. Um umfassend zu profitieren, müssen Sie sich auch mehr bewegen und gegebenenfalls Ihren Umgang mit Stress verbessern. Wer schon oft erfolglos versucht hat abzunehmen und bereits unter Folgeerkrankungen leidet, sollte sich nicht scheuen, Hilfe in Anspruch zu nehmen. Diese bieten Ernährungsmediziner oder zertifizierte Ernährungsberater (Adressen finden Sie unter bdem.de).

Wer den ganzen Körper trainiert, verliert auch in der Körpermitte überschüssige Pfunde.

Intervallfasten als Unterstützung

Intervallfasten kann das Abnehmen beschleunigen. Anders als bei längerem Nahrungsverzicht oder bei Crashdiäten wird dem Körper dabei nur für mehrere Stunden Energie entzogen, sodass er den Grundumsatz nicht senkt, den Stoffwechsel nicht drosselt und die Muskulatur nicht abbaut. Der Blutzucker- und Fettstoffwechsel verbessern sich. Der Körper schüttet entzündungshemmende Botenstoffe aus. Als sehr alltagstauglich hat sich das sogenannte 16:8-Fasten erwiesen. Das heißt, dass Sie tagsüber innerhalb von acht Stunden zwei oder drei ausgewogene Mahlzeiten zu sich nehmen und über Nacht mindestens 16 Stunden fasten. So hat der Körper viel Zeit, um Fett zu verbrennen. Bei der 5:2-Methode essen Sie an fünf Tagen in der Woche normal und an den beiden restlichen fast nichts.

Bewegung und Bauchmuskeltraining

Im Kampf gegen das Bauchfett spielt Bewegung eine entscheidende Rolle. Dabei ist es nicht allein mit Übungen für eine starke Körpermitte getan, sondern der ganze Körper muss trainiert werden. Gezielt am Bauch abzunehmen, gelingt selten. Das macht aber nichts, denn sobald der gesamte Organismus gefordert wird, holt er seine Energie bevorzugt aus dem Bauchfett, da dieses Gewebe sehr stoffwechselaktiv ist. Sie werden also überschüssiges Fett am Bauch leichter los als an den Beinen oder Armen. Am besten gelingt das mit einer Mischung aus Ausdauer- und Krafttraining. Ihre Ausdauer trainieren Sie schon, wenn Sie sich zum Einstieg im Alltag ein bisschen mehr anstrengen, zum Beispiel regelmäßig spazieren gehen. Daraus kann dann erst Walken und später langsames Joggen werden. Auch Fahrradfahren und Schwimmen oder Wassergymnastik sind optimale Ausdauersportarten für Einsteiger. Krafttraining und Bauchmuskelübungen sollten das Programm ergänzen. Zur Orientierung: Sie sollten im Durchschnitt 150 Minuten pro Woche moderat oder 75 Minuten intensiv trainieren.

Stress macht Heißhunger

Immer mehr Menschen leiden heute unter chronischem Stress. Das heißt, dass sie kaum noch zur Ruhe kommen und der Körper das Stresshormon Cortison zu oft und zu lange ausschüttet. Das wiederum macht Heißhunger auf Süßes, hemmt den Stoffwechsel und animiert den Körper zur Fetteinlagerung im Bauch und anderswo. Um das zu vermeiden, ist es wichtig, sich regelmäßig zu entspannen. Kurze bewusste Pausen, Meditation, Bewegung, Yoga oder Atemübungen sind deshalb auch eine Anti-Bauchfett-Maßnahme. Zu wenig Schlaf lässt das Bauchfett

Aktiv sein zahlt sich aus

Wer sich regelmäßig bewegt, erhöht seinen Grundumsatz, also die Menge an Kalorien, die unser Körper bei völliger Ruhe braucht, und steigert den Energiebedarf des Körpers – ohne zu hungern! Wer dagegen nur weniger isst, um Gewicht zu verlieren, und auf Aktivitäten verzichtet, sorgt dafür, dass sich der Organismus an die reduzierte Energiezufuhr mit einem niedrigeren Kalorienbedarf anpasst. Die Folge: Isst man wieder normal, wird die überschüssige Energie in Fettdepots angelegt und man bringt mehr Kilos auf die Waage als vorher.

ebenfalls wachsen. Fehlt unserem Körper in der Nacht ausreichend Zeit zur Regeneration, greifen wir leichter zu süßen oder fettigen Lebensmitteln, die wir (meist unbewusst) als Wachmacher nutzen. Sieben bis höchstens neun Stunden Schlaf sollten es sein, denn nicht nur zu wenig, sondern auch zu viel Schlaf kann zu Übergewicht führen.

Schritt für Schritt vorgehen

Bestimmt haben Sie beim Lesen schon gute Vorsätze gefasst und stehen nun vor der Frage: Wie setze ich die alle um, ohne meine lieb gewonnenen Gewohnheiten auf den Kopf zu stellen? Gehen Sie in kleinen Schritten vor. Überlegen Sie sich, was Ihnen leichtfällt. Vielleicht starten Sie mit einer Gemüsemahlzeit am Tag – oder Sie lassen erst einmal die Snacks weg. Hat eine Maßnahme gut geklappt, nehmen Sie die nächste dazu. Halten Sie sich dabei ruhig ein Hintertürchen offen, damit Sie nach Fehltritten nicht ganz aufgeben. Sie können sich zum Beispiel Naschen als Dessert erlauben oder gelegentliche Cheatmahlzeiten einplanen, zu denen es auch mal Fast Food geben darf.

Rezepte gegen das Bauchfett

Ob fürs Frühstück, für mittags oder abends – freuen Sie sich auf über 60 leckere Rezeptideen. Was unsere Anti-Bauchfett-Gerichte auszeichnet? Sie liefern reichlich Nährstoffe und Proteine, aber nicht zu viele Kalorien. Um das Bauchfett zum Schmelzen zu bringen, sollte eine Ihrer drei täglichen Mahlzeiten Low Carb bzw. eiweißreich sein. Wer richtig abnehmen möchte, tut gut daran, nicht mehr als insgesamt 1600 Kalorien pro Tag aufzunehmen. Wie das ganz leicht gelingt, zeigt der Wochenplan auf Seite 158. Was allen guttut: Aufs Snacken zwischendurch verzichten! Und sollte Sie doch mal der Heißhunger überkommen, können Sie ihn mit einem unserer eiweißreichen Smoothies oder Snacks ausbremsen.

Frühstück

Bye-bye, Toast, Croissant und Marmelade! Wenn es ums Abnehmen geht, ist der größte Feind der Heißhunger. Und genau deshalb müssen Sie schon morgens versuchen, ihn auszutricksen. Setzen Sie beim Frühstück auf Müsli, Porridge, Nuss-Granola, Omelett und Gemüse. Die halten mit viel Eiweiß, Ballaststoffen und komplexen Kohlenhydraten lange satt und sind die beste Strategie, um dem Bauchfett zu Leibe zu rücken.

Leinölfrühstücksquark mit Beeren

Das fängt ja gut an! Die cremige Mischung aus Banane, Haferflocken, Quark und Leinöl macht schon zu früher Stunde fit und munter.

Für 2 Personen
Zubereitung: 20 Minuten

1 Banane
1 EL Zitronensaft
2 EL kalt gepresstes Leinöl
50 g zarte glutenfreie Haferflocken
2 EL geschroteter Leinsamen
300 g Magerquark
200 ml Milch (1,5 % Fett)
2 EL Haselnusskerne
75 g Heidelbeeren
75 g Himbeeren
¼ TL gemahlene Vanille

Nährwerte pro Portion:
ca. 520 kcal, 32 g EW, 24 g F, 40 g KH, 10 g BST, 10,8 g MUFS

+ Die Banane schälen, aus der Mitte 4 Scheiben schneiden und zum Garnieren beiseitelegen. Die restliche Banane in grobe Stücke schneiden und in einen hohen Rührbecher geben. Zitronensaft und Leinöl hinzufügen und alles mit dem Stabmixer fein pürieren.

+ Das Bananenpüree mit Haferflocken und Leinsamen gründlich verrühren. Dann Quark und Milch untermischen und alles etwa 10 Minuten quellen lassen.

+ Die Haselnüsse hacken und in einer Pfanne ohne Fett bei mittlerer Hitze hell rösten, herausnehmen und abkühlen lassen. Den Bananenquark auf Schalen verteilen. Die Heidel- und Himbeeren verlesen, waschen und trocken tupfen.

+ Zum Servieren beide Beerensorten mit den beiseitegelegten Bananenscheiben auf dem Quark-Mix verteilen. Mit den Nüssen bestreuen und mit Vanille bestäuben.

DIE ERNÄHRUNGS-DOCS

Ob geschroteter Leinsamen oder Leinöl: Lein versorgt uns mit wertvollen mehrfach ungesättigten Fettsäuren (MUFS), dazu gehören die Alpha-Linolensäure (Omega-3) und die Linolsäure (Omega-6). Ein ausgewogenes Verhältnis von Omega-3- und Omega-6-Fettsäuren ist wichtig, um Entzündungen vorzubeugen. Bei Leinöl ist das Verhältnis mit 4 : 1 außergewöhnlich günstig.

Weiße Smoothie-Bowl mit Pfirsich

Bohnen können auch süß! Mit Apfel, Datteln und Mandeldrink fein püriert, zergehen sie auf der Zunge und sorgen mit viel Eiweiß für einen Turbostart in den Tag.

Für 2 Personen
Zubereitung: 20 Minuten

2 EL Mandelstifte
2 Pfirsiche
½ TL Ingwerpulver
¼ TL gemahlene Vanille
80 g Rote Johannisbeeren
1 Dose weiße Bohnen (250 g Abtropfgewicht)
1 säuerlicher Apfel (z. B. Elstar)
2 Datteln (z. B. Medjoul)
1 TL abgeriebene Bio-Limettenschale
1 EL Limettensaft
300 ml ungesüßter Mandeldrink
2 EL gepuffter Amarant

Nährwerte pro Portion: ca. 400 kcal, 17 g EW, 9 g F, 56 g KH, 12 g BST, 2,2 g MUFS

+ Die Mandelstifte in einer Pfanne ohne Fett bei mittlerer Hitze hell rösten, herausnehmen und abkühlen lassen.

+ Inzwischen die Pfirsiche waschen, halbieren und die Kerne entfernen. Das Fruchtfleisch in kleine Würfel schneiden und mit Ingwerpulver und Vanille mischen. Die Johannisbeeren verlesen, waschen und trocken tupfen, die Beeren von den Rispen zupfen.

+ Für den Smoothie die Bohnen in einem Sieb abbrausen und abtropfen lassen. Den Apfel vierteln, schälen, entkernen und in grobe Stücke schneiden. Die Datteln halbieren, entsteinen und grob schneiden. Bohnen, Apfel und Datteln mit Limettenschale und -saft in den Standmixer geben. Den Mandeldrink dazugießen und alles erst auf niedriger, dann auf höchster Stufe glatt pürieren.

+ Zum Servieren den Smoothie auf Bowls (Schalen) verteilen und mit den Pfirsichwürfeln und Johannisbeeren garnieren. Mit Mandelstiften und Amarant-Pops bestreuen.

DIE ERNÄHRUNGS-DOCS

Hülsenfrüchte enthalten zwar relativ viele Kohlenhydrate, trotzdem führt ihr Verzehr nur zu einer niedrigen Blutzucker- und Insulinreaktion (siehe Seite 23). Denn dank ihres hohen Eiweiß- und Ballaststoffgehalts werden Hülsenfrüchte – wie weiße Bohnen – langsamer verdaut und sorgen für ein lang anhaltendes Sättigungsgefühl. So kommt Heißhunger erst gar nicht auf!

Golden-Milk-Chiapudding

Hier bekommen Sie die klassische „Goldene Milch“ aus der Ayurveda-Küche als aromatischen Pudding zum Löffeln – ein Guten-Morgen-Energy-Booster vom Feinsten.

Für 2 Personen
Zubereitung: 15 Minuten
Quellen: 8 Stunden (über Nacht)

10 g Ingwer
3 EL Kokosraspel
1 TL gemahlene Kurkuma
½ TL Zimtpulver
¼ TL gemahlene Vanille
400 ml ungesüßter Sojadrink
50 g Chiasamen
200 g Seidentofu
2 blaue Pflaumen
100 g Brombeeren

Nährwerte pro Portion:
ca. 380 kcal, 20 g EW, 22 g F, 18 g KH, 18 g BST, 9,9 g MUFS

+ Am Vorabend den Ingwer schälen und fein reiben. Mit 2½ EL Kokosraspeln, Kurkuma, Zimt, Vanille und Sojadrink in einen hohen Rührbecher oder den Standmixer geben und (mit dem Stabmixer) zu einer feinen Milch pürieren.

+ Die Chiasamen in einer Schüssel mit der gelben Milch übergießen und gründlich verrühren. Etwa 10 Minuten quellen lassen. Anschließend nochmals durchrühren und alles im Kühlschrank abgedeckt etwa 8 Stunden, am besten über Nacht, quellen lassen.

+ Am nächsten Morgen den Seidentofu unter den Chiapudding rühren, alles nach Belieben mit 2 TL Ahornsirup süßen und auf Schalen verteilen.

+ Die Pflaumen waschen, halbieren, entsteinen und in Spalten schneiden. Die Brombeeren verlesen, waschen und trocken tupfen, größere Beeren halbieren.

+ Zum Servieren den Chiapudding mit Pflaumen und Beeren garnieren und mit übrigen Kokosraspeln bestreuen.

DIE ERNÄHRUNGS-DOCS

Obst ist nicht gleich Obst: Greifen Sie am besten zu Früchten, die wenig Fruchtzucker enthalten. Denn Fruktose im Übermaß begünstigt das kritische Bauchfett (siehe Seite 19 f.). Wenig Fruchtzucker enthalten zum Beispiel Beeren, Pflaumen, Papayas oder Zitrusfrüchte – dafür liefern sie reichlich wertvolle Vitamine, Antioxidantien, Mineral- und Ballaststoffe.

Coffee-Overnight-Oats mit Papaya

Wie praktisch! Das Fitness-Müsli macht sich über Nacht von selbst – und begrüßt Sie am nächsten Morgen mit einem Hallo-wach-Koffeinkick.

Für 2 Personen
Zubereitung: 15 Minuten
Quellen: 8 Stunden (über Nacht)

400 ml ungesüßter Cashewdrink
1 ½ TL Kakaopulver (nicht entölt)
60 g zarte glutenfreie Haferflocken
2 EL Chiasamen
50 ml Espresso
1 Msp. gemahlener Kardamom
250 g Papaya
1 Kiwi
1 EL Kakao-Nibs
(aus dem Bioladen)

Nährwerte pro Portion:
ca. 310 kcal, 10 g EW, 11 g F,
35 g KH, 12 g BST, 3,9 g MUFS

+ Am Vorabend den Cashewdrink und 1 TL Kakaopulver in einer Schüssel gründlich verrühren. Die Haferflocken und Chiasamen untermischen. Zuletzt Espresso, Kardamom und nach Belieben 2 TL Ahornsirup unter die Flockenmischung rühren. Die Oats im Kühlschrank abgedeckt etwa 8 Stunden, am besten über Nacht, quellen lassen.

+ Am nächsten Morgen die Cashew-Flocken-Mischung auf Schalen verteilen. Die Papaya eventuell halbieren, entkernen und schälen, die Papaya in etwa 1 cm große Würfel schneiden. Die Kiwi schälen, längs halbieren und quer in dünne Scheiben schneiden.

+ Zum Servieren die Papaya und die Kiwi auf den Overnight Oats verteilen. Mit den Kakao-Nibs und dem übrigen Kakaopulver bestreuen.

TIPP:
Wer mag, kann Haferflocken und Chiasamen auch in ungesüßtem Mandel- oder Haferdrink quellen lassen.

DIE ERNÄHRUNGS-DOCS
Grünes Licht für Kaffeegenießer! Studien haben gezeigt, dass zwei bis drei Tassen Kaffee am Tag das Risiko für eine Fettleber senken und vor Leberentzündungen schützen können. Das liegt an den enthaltenen bioaktiven Verbindungen Koffein und Chlorogensäure, die entzündungshemmend und antioxidativ wirken. Den Kaffee aber bitte schwarz, ohne Milch oder Zucker, trinken.

25 ml

Orangen-Buchweizen-Grütze

Wohltuend und locker: Der fruchtige Getreidebrei liefert Energie und macht mit reichlich Magnesium, Kalium und Eisen rundum fit.

Für 2 Personen
Zubereitung: 25 Minuten

½ l ungesüßter Mandeldrink
Salz
100 g Buchweizengrütze
1 große Orange
2 EL Mandeln
2 EL Pistazienkerne
2 EL ausgelöste Granatapfelkerne (aus dem Kühlregal oder tiefgekühlt und aufgetaut)

Nährwerte pro Portion:
ca. 280 kcal, 8 g EW, 9 g F, 40 g KH, 4 g BST, 1,5 g MUFS

+ Den Mandeldrink mit 1 Prise Salz in einem Topf aufkochen. Die Buchweizengrütze unter Rühren einrieseln lassen, einmal aufkochen, dann mit geschlossenem Deckel bei schwacher Hitze etwa 10 Minuten quellen lassen.

+ Inzwischen die Orange so großzügig schälen, dass auch die weiße Haut mit entfernt wird. Die Filets zwischen den einzelnen Trennhäuten herausschneiden, den austretenden Saft auffangen und den Rest der Orange gut ausdrücken.

+ Mandeln und Pistazienkerne grob hacken und in einer Pfanne ohne Fett bei mittlerer Hitze hell rösten, herausnehmen und abkühlen lassen.

+ Die Buchweizengrütze vom Herd nehmen, den aufgefangenen Orangensaft und nach Belieben 2 TL Reissirup unterrühren. Zum Servieren die Grütze auf Schalen verteilen, mit Orangenfilets und Granatapfelkernen garnieren und mit dem Mandel-Pistazien-Mix bestreuen.

DIE ERNÄHRUNGS-DOCS

Buchweizen ist eine gute Hilfe beim Abnehmen. Das Pseudogetreide liefert sehr viel Eiweiß, das den Insulinspiegel reguliert und uns so lange satt hält. Außerdem ist es reich an Ballaststoffen und damit bestes „Darmfutter“ (siehe Seite 20). Ein weiteres Plus: Buchweizen enthält kein Gluten, dafür aber jede Menge B-Vitamine, Antioxidantien und Mineralstoffe.

Süßlupinen-Porridge mit Birnen

Genussvoll und warm: Hafer- und Süßlupinenflocken, Nüsse, Birnen und Zimt machen den Morgenbrei nicht nur für Veganer zur neuen Lieblingsmahlzeit.

Für 2 Personen
Zubereitung: 30 Minuten

60 g Süßlupinenflocken (aus dem Bioladen; ersatzweise Süßlupinenschrot)
100 g zarte glutenfreie Haferflocken
1 EL getr. Cranberrys (ohne Zucker)
¼ l ungesüßter Lupinendrink (ersatzweise Hafer- oder Cashewdrink)
Salz
¼ TL Zimtpulver
1 Msp. gemahlene Vanille
2 EL Walnusskerne
2 kleine Birnen (z. B. Gute Luise; ca. 300 g)
80 g blaue Weintrauben

Nährwerte pro Portion: ca. 575 kcal, 24 g EW, 19 g F, 67 g KH, 18 g BST, 7,8 g MUFS

+ Die Lupinen- und Haferflocken sowie Cranberrys mit dem Lupinendrink, ¼ l Wasser und 1 Prise Salz in einem kleinen Topf einmal aufkochen. Dann den Porridge mit geschlossenem Deckel bei schwacher Hitze 10 bis 15 Minuten quellen lassen, bis die Flocken die Flüssigkeit vollständig aufgenommen haben. Dabei zwischendurch immer wieder umrühren. Anschließend mit Zimt und Vanille würzen.

+ Inzwischen die Walnüsse grob hacken und in einer Pfanne ohne Fett bei mittlerer Hitze hell rösten, herausnehmen und abkühlen lassen.

+ Die Birnen waschen, vierteln und entkernen. Die Birnenviertel in schmale Scheiben schneiden und ein Viertel der Scheiben zum Garnieren beiseitelegen. Den Rest klein würfeln und unter den Porridge rühren. Die Trauben waschen, trocken tupfen, von den Stielen zupfen und halbieren.

+ Zum Servieren den Porridge auf Schalen verteilen und mit den beiseitegelegten Birnenscheiben und den Trauben garnieren. Mit den Walnüssen bestreuen.

DIE ERNÄHRUNGS-DOCS

Süßlupinen zählen zu den Hülsenfrüchten. Sie enthalten ähnlich viel Eiweiß wie Sojabohnen (nämlich gut 40 Prozent) und sind daher ideal für eine pflanzenbetonte, eiweißreiche Ernährung (siehe Seite 28 f.). In Form von Flocken kann man Süßlupinen gut ins Müsli mischen; sie sind mittlerweile aber auch schon als Mehl, Dosengemüse oder Fleischersatz im Handel.

Knusper-Müsli ohne Zucker

Mit frischem Obst, Pflanzendrink oder (veganem) Joghurt angerichtet, ist das selbst gemachte Müsli perfekt, um gut gestärkt den Tag zu beginnen.

Für ca. 700 g
Zubereitung: 20 Minuten

50 g Haselnusskerne
50 g Walnusskerne
50 g Mandeln
50 g Kokosraspel
150 g kernige Haferflocken
150 g zarte Haferflocken
100 g ungesüßte Trockenfrüchte (z. B. getr. Aprikosen, Pflaumen oder Sauerkirschen)
50 g natives Kokosöl
2 EL Ahornsirup
½ TL Zimtpulver
½ TL gemahlene Vanille

Nährwerte pro Portion (ca. 60 g): ca. 300 kcal, 7 g EW, 18 g F, 25 g KH, 5 g BST, 3,9 g MUFS

+ Die Hasel- und Walnüsse sowie die Mandeln hacken und mit Kokosraspeln und beiden Haferflockensorten in einer Schüssel mischen. Die Trockenfrüchte fein hacken.

+ Das Kokosöl in einer großen beschichteten Pfanne erhitzen und den Ahornsirup dazugeben. Den Nuss-Haferflocken-Mix hinzufügen und alles bei mittlerer Hitze etwa 5 Minuten unter Wenden kräftig anrösten. Die Trockenfrüchte, Zimt und Vanille untermischen und das Müsli noch etwa 2 Minuten unter Wenden weiterrösten.

+ Vom Herd nehmen und abkühlen lassen. Den fertigen Müsli-Mix in ein luftdicht schließendes Glas oder in eine Dose füllen. Es hält sich trocken gelagert etwa 4 Wochen.

+ Zum Frühstück pro Person etwa 60 g Müsli in einer Schale mit 200 ml ungesüßtem Pflanzendrink (z. B. Hafer- oder Mandeldrink) übergießen. 125 g frisches Obst nach Saison (z. B. Beeren, Orange, Apfel, Birne) waschen bzw. putzen, mundgerecht zerkleinern und unterheben.

DIE ERNÄHRUNGS-DOCS

Im Hafer stecken ganz besondere lösliche Ballaststoffe: die Beta-Glucane. Sie sind wahre „Zauberstoffe" mit zahlreichen positiven Effekten: Sie normalisieren den Blutzucker, verstärken das Sättigungsgefühl, verbessern die Darmgesundheit und aktivieren das Immunsystem. Zudem senken Beta-Glucane den Cholesterinspiegel im Blut und regulieren den Fettstoffwechsel.

Vegane Brotaufstriche

Ob chilischarf oder algenwürzig, ob mit feiner Rauchnote oder nussig-pikant: Diese streichzarten Kandidaten machen Vollkornbrot und Brötchen noch köstlicher und bringen jede Menge Vitalstoffe auf die Scheiben!

ROTER BOHNEN-TOFU-AUFSTRICH

Für ca. 200 g: **Je 50 g Räuchertofu und Rote Bete (vorgegart und vakuumiert)** würfeln. **1 kleine Dose Kidneybohnen (65 g Abtropfgewicht)** abbrausen und abtropfen lassen. **1 kleine rote Zwiebel (in Würfeln)** in **½ EL nativem Olivenöl extra** andünsten. Mit **1 TL getr. Majoran,** Tofu, Roter Bete, Bohnen, **2 TL glutenfreiem Weißweinessig** und 1 EL Wasser im Blitzhacker fein pürieren. Den Aufstrich **salzen** und **pfeffern.** Hält sich gekühlt mind. 1 Woche. Zum Servieren mit **Kresse** bestreuen.

Nährwerte pro Portion (bei 4 Portionen): 50 kcal, 3 g EW, 3 g F, 3 g KH, 1 g BST, 0,6 g MUFS

EDAMAME-ALGEN-AUFSTRICH

Für ca. 175 g: **Je 150 g tiefgekühlte Edamamekerne und Erbsen** in Salzwasser etwa 3 Minuten garen. In ein Sieb abgießen, abschrecken und abtropfen lassen. Mit **1 EL kalt gepresstem Hanföl, 2 EL Zitronensaft** und **1 EL getr. Nori-Flocken** fein pürieren. **Salzen** und **pfeffern.** Hält sich gekühlt mind. 1 Woche. Mit **Nori** und **gehackter Minze** bestreuen.

Nährwerte pro Portion (bei 4 Portionen): ca. 110 kcal, 7 g EW, 5 g F, 9 g KH, 4 g BST, 2,7 g MUFS

CHAMPIGNON-CASHEW-PASTE

Für ca. 240 g: **60 g Cashewkerne** in kaltem Wasser etwa 1 Stunde einweichen. **150 g Champignons** putzen, falls nötig, trocken abreiben, vierteln und in **1 EL nativem Olivenöl extra** bei mittlerer Hitze 4 bis 5 Minuten hell anbraten. Mit **2 TL glutenfreier Sojasauce (z. B. Tamari)** beträufeln und alles mit abgetropften Cashewkernen, **50 g gemahlenen geschälten Mandeln** und 2 EL Wasser im Blitzhacker cremig pürieren, **salzen** und **pfeffern.** Hält sich gekühlt mind. 1 Woche. Die Paste mit **Schnittlauchröllchen** bestreut servieren.

Nährwerte pro Portion (bei 8 Portionen): ca. 100 kcal, 4 g EW, 9 g F, 2 g KH, 1 g BST, 1,6 g MUFS

TOMATEN-CHILI-HUMMUS

Für ca. 200 g: **25 g getr. Tomaten (in Öl)** abtropfen lassen und grob schneiden. **100 g Kichererbsen (aus der Dose)** in einem Sieb abbrausen und abtropfen lassen. **1 rote Chilischote** längs halbieren, putzen, waschen und grob hacken. Alles in einem hohen Rührbecher mit **½ EL Tahin (Sesampaste), 1 EL nativem Olivenöl extra, 2 TL Tomatenmark** und **1 EL Zitronensaft** mit dem Stabmixer pürieren. Den Hummus mit **Salz, Pfeffer aus der Mühle** und **½ TL gemahlenem Kreuzkümmel** abschmecken. Hält sich gekühlt 10 Tage. Mit **Cocktailtomatenscheiben** und **Koriandergrün** garniert servieren.

Nährwerte pro Portion (bei 4 Portionen): ca. 90 kcal, 3 g EW, 5 g F, 6 g KH, 2 g BST, 1,5 g MUFS

Vollkorn-Brötchen-Sonne

Da geht die Sonne auf: Dank Quark und Öl im Teig sind die kleinen Kraftpakete schön saftig und eiweißreich. Kerne on top sorgen für Abwechslung und gesunden Biss.

Für 1 Sonne (12 Brötchen)
Zubereitung: 25 Minuten
Backen: 20 Minuten

Öl für die Form
250 g Magerquark
75 ml kalt gepresstes Rapsöl
1 Ei (Größe M)
375 g Dinkelvollkornmehl
½ TL Salz
1 Pck. Weinsteinbackpulver
2 TL ungeschälter Sesam
2 TL Leinsamen
2 TL Sonnenblumenkerne
2 TL Kürbiskerne
1 TL Chiasamen
1 TL Mohnsamen

Nährwerte pro Brötchen (à ca. 60 g): ca. 215 kcal, 8 g EW, 10 g F, 22 g KH, 3 g BST, 2,9 g MUFS

+ Den Backofen auf 180 °C vorheizen. Eine Springform (24 oder 26 cm Durchmesser) einfetten.

+ In einer Rührschüssel Quark, Rapsöl und Ei verrühren. Mehl, Salz und Backpulver mischen. Alles zum Quark-Mix geben und alles erst mit den Knethaken des Handrührgeräts, danach auf der Arbeitsfläche mit den Händen zu einem glatten Teig verarbeiten.

+ Den Teig in 12 gleich große Stücke teilen und jedes Stück mit angefeuchteten Händen zu einer Kugel formen. Die Brötchen nebeneinander in die Form setzen und mit einer Sprühflasche oder einem Pinsel mit etwas Wasser benetzen. Jeweils zwei Brötchen mit der gleichen Sorte Samen oder Kerne bestreuen, dabei leicht andrücken.

+ Die Brötchen-Sonne im Ofen auf der mittleren Schiene etwa 20 Minuten goldbraun backen. Herausnehmen und etwas abkühlen lassen. Anschließend die Sonne vorsichtig aus der Form lösen und am besten im Ganzen servieren. Die Brötchen schmecken noch warm besonders gut.

DIE ERNÄHRUNGS-DOCS

Wer häufiger ballaststoffreiche Vollkornprodukte wie Brötchen und Brot genießt, nimmt auf gesunde Art ab und reduziert das Bauchfett – das haben aktuelle Studien aus den USA gezeigt. Zudem lindern sie Entzündungen, denn in Blutanalysen konnte eine Reduzierung eines Entzündungsmarkers (C-reaktives Protein) um etwa 40 Prozent festgestellt werden.

Buttermilch-Buchweizen-Kastenbrot

Außen knusprig, innen fluffig – das ist selbst gebackenes Ofenglück! Dazu gibt's Scheibe für Scheibe reichlich Vitamine, Mineral- und Ballaststoffe.

Für 1 Kastenform
(ca. 30 cm Länge; 20 Scheiben)
Zubereitung: 15 Minuten
Quellen: 20 Minuten
Gehen: 1 Stunde
Backen: 1 Stunde

½ l lauwarme reine Buttermilch (1 % Fett)
100 g Roggenvollkornschrot
1 Würfel Hefe (42 g)
1 Pck. Natursauerteig (75 g; aus dem Bioladen)
1 TL Zuckerrübensirup
1 TL Salz
250 g Buchweizenvollkornmehl
250 g Dinkelvollkornmehl
70 g zarte Haferflocken

Nährwerte pro Scheibe (ca. 60 g): ca. 140 kcal, 5 g EW, 1 g F, 24 g KH, 3 g BST, 0,4 g MUFS

+ Von der Buttermilch 2 EL abnehmen und zum Bestreichen beiseitestellen. Übrige Buttermilch und Roggenschrot verrühren und etwa 20 Minuten quellen lassen. Dann die Hefe dazubröckeln und im Buttermilch-Mix auflösen. Sauerteig, Sirup und Salz dazugeben und alles gut unterrühren.

+ In einer großen Rührschüssel Buchweizen- und Dinkelmehl mit 50 g Haferflocken mischen. Den Buttermilch-Hefe-Mix dazugießen und alles erst mit den Knethaken des Handrührgeräts mischen, dann mit den Händen glatt verkneten. Den Teig zu einer Kugel formen und abgedeckt an einem warmen Ort etwa 1 Stunde gehen lassen.

+ Den Backofen auf 200 °C vorheizen. Die Form mit Backpapier auslegen. Den Teig zu einem länglichen Laib formen und in die Form legen. Mit einem Messer oben rautenförmig einschneiden. Mit der beiseitegestellten Buttermilch bestreichen und mit den übrigen Haferflocken bestreuen.

+ Das Kastenbrot im Ofen auf der mittleren Schiene etwa 1 Stunde backen. Herausnehmen und kurz abkühlen lassen, dann mithilfe des Backpapiers aus der Form lösen und auf einem Kuchengitter vollständig abkühlen lassen.

DIE ERNÄHRUNGS-DOCS

Essen Sie öfter Sauerteigbrot! Die enthaltenen Milchsäurebakterien bilden während des Fermentationsprozesses (bzw. während der Teig geht) Milch- und Essigsäure. Beide Säuren bremsen die Aktivität der zuckerspaltenden Verdauungsenzyme – der Amylasen. Das hilft, die Blutzuckerreaktion abzuschwächen und verbessert auch die Insulinwirksamkeit.

Kerniges Knäckebrot

Die knusprigen Schweden-Schnitten mit Samen, Flocken und Vollkorn schmecken fruchtig oder herzhaft belegt. Auch gut zum Mitnehmen und Zwischendurch-Knabbern.

Für 16 Stücke
Zubereitung: 20 Minuten
Quellen: 20 Minuten
Backen bzw. Trocknen: 1 ½ Stunden

120 g Dinkelvollkornmehl
100 g zarte Haferflocken
50 g Weizenkleie
70 g Sonnenblumenkerne
60 g Kürbiskerne
50 g ungeschälter Sesam
50 g geschroteter Leinsamen
1 TL gemahlener Kümmel
1 TL Salz

Nährwerte pro Stück:
ca. 140 kcal, 6 g EW, 6 g F, 11 g KH, 4 g BST, 3,2 g MUFS

+ In einer Rührschüssel alle Zutaten mischen. ½ l kaltes Wasser dazugießen und alles mit einem Schneebesen gründlich verrühren. Den Teig abgedeckt etwa 20 Minuten quellen lassen.

+ Den Backofen auf 160 °C vorheizen. Den Teig zwischen zwei Bögen Backpapier etwa in Größe eines Backblechs (ca. 30 × 36 cm) ausrollen, auf das Blech ziehen und das obere Backpapier wieder vorsichtig entfernen. Die Teigplatte mit einer Gabel mehrmals einstechen und im Ofen auf der mittleren Schiene etwa 30 Minuten backen.

+ Das Blech aus dem Ofen nehmen und die Ofentemperatur auf 140 °C reduzieren. Die gebackene Teigplatte auf dem Blech in 16 Rechtecke (à ca. 4,5 × 15 cm) schneiden und im Ofen bei leicht geöffneter Backofentür noch etwa 1 Stunde trocknen lassen.

+ Das Knäckebrot aus dem Ofen nehmen und auf dem Blech vollständig abkühlen lassen. In Blechdosen an einem kühlen, trockenen Ort lagern und innerhalb von 3 Wochen verbrauchen. Falls das Knäckebrot pappig wird, kann man es toasten – danach ist es wieder knusprig.

DIE ERNÄHRUNGS-DOCS

Kerne, Samen und Nüsse sind reich an gesunden ungesättigten Fettsäuren. Ihr hoher Anteil an Vitamin E macht die ölhaltigen „Früchtchen" darüber hinaus zum idealen Fatburner. Vitamin E wirkt antioxidativ und schützt die Leber vor Entzündungen, unterstützt aber auch eine bereits entzündete Leber beim Fettabbau (siehe Seite 14).

Brote mit Erbsenmus und Spiegelei

Der altbekannte stramme Max kommt hier in einer Veggie-Variante auf den Frühstückstisch: mit Erbsenhummus und Tomaten statt Schinken unter dem Ei.

Für 2 Personen
Zubereitung: 20 Minuten

150 g tiefgekühlte Erbsen
1 EL dunkles Tahin (Sesampaste)
2 EL natives Olivenöl extra
2 EL Zitronensaft
Salz, Pfeffer aus der Mühle
125 g Cocktailtomaten
3 Stiele Basilikum
1 EL Balsamico bianco
2 Eier (Größe M)
2 TL Butter
2 Scheiben Roggensauerteigbrot (à ca. 75 g)

Nährwerte pro Portion:
ca. 520 kcal, 21 g EW, 26 g F, 45 g KH, 12 g BST, 4,8 g MUFS

+ Die tiefgekühlten Erbsen mit kochendem Wasser übergießen und etwa 5 Minuten ziehen lassen. Dann in ein Sieb abgießen, abtropfen lassen und in einen hohen Rührbecher geben. Tahin, 1 EL Öl und Zitronensaft hinzufügen und alles mit dem Stabmixer fein pürieren. Das Mus mit Salz und Pfeffer abschmecken.

+ Die Tomaten waschen und in Scheiben schneiden oder vierteln. Das Basilikum waschen, trocken tupfen und die Blätter abzupfen. Einige zum Garnieren beiseitelegen, den Rest in feine Streifen schneiden. Tomaten und Basilikum mit übrigem Öl und Essig mischen, mit Salz und Pfeffer würzen.

+ Die Eier in einer beschichteten Pfanne in der Butter zu Spiegeleiern braten, leicht salzen und pfeffern. Die Brotscheiben im Toaster rösten.

+ Zum Servieren die getoasteten Brote mit dem Erbsenmus bestreichen und die Tomaten-Basilikum-Mischung darauf verteilen. Jeweils 1 Spiegelei daraufsetzen und mit beiseitegelegtem Basilikum garnieren.

DIE ERNÄHRUNGS-DOCS

Frische Erbsen sind perfekte Abnehmhelfer: Neben reichlich Proteinen und Faserstoffen enthalten sie auch langsam verdauliche Kohlenhydrate, die dafür sorgen, dass man sich lange satt fühlt (siehe Seite 19). Gleichzeitig pushen die kleinen grünen Hülsenfrüchte mit B-Vitaminen, Magnesium, Eisen und Zink den Stoffwechsel.

Mediterranes Tofu-„Rührei“

Ein echtes Eiweiß-Power-Frühstück: Aus zweierlei Tofu und Kurkuma wird hier veganes „Rührei“ gezaubert und mit Frühlingszwiebeln, Kräutern und Tomaten verfeinert.

Für 2 Personen
Zubereitung: 30 Minuten

2 Schalotten
1 kleine Knoblauchzehe
4 Frühlingszwiebeln
200 g Tofu natur
3 Zweige Thymian
200 g bunte Cocktailtomaten (rot, gelb)
3 EL natives Olivenöl extra
1 TL gemahlene Kurkuma
100 g Seidentofu
Salz, Pfeffer aus der Mühle
¼ TL rosenscharfes Paprikapulver
¼ Bund Schnittlauch

Nährwerte pro Portion: ca. 350 kcal, 21 g EW, 23 g F, 13 g KH, 5 g BST, 6,0 g MUFS

+ Schalotten und Knoblauch schälen und fein würfeln. Die Frühlingszwiebeln putzen, waschen und in dünne Ringe schneiden. Den Tofu trocken tupfen und fein hacken. Den Thymian waschen, trocken tupfen, die Blätter abzupfen und fein hacken. Tomaten waschen und halbieren oder vierteln.

+ Schalotten und Knoblauch in einer beschichteten Pfanne in 2 EL Öl bei mittlerer Hitze andünsten. Den gehackten Tofu dazugeben, mit Kurkuma bestäuben und leicht anbraten. Frühlingszwiebeln, Thymian und Seidentofu hinzufügen und alles so lange braten, bis die Flüssigkeit fast vollständig verdampft ist. Dabei alles ab und zu wenden und mit Salz, Pfeffer und Paprikapulver würzen. Die Tomaten und das übrige Öl dazugeben und etwa 2 Minuten mitbraten.

+ Zum Servieren den Schnittlauch waschen, trocken tupfen und in feine Röllchen schneiden. Das Tofu-„Rührei“ auf Teller verteilen und mit Schnittlauch bestreuen. Dazu schmeckt pro Person 1 Scheibe Vollkornbrot, dann ist das Rezept allerdings nicht mehr glutenfrei.

DIE ERNÄHRUNGS-DOCS

Für alle, die sich vegan ernähren möchten, ist Tofu eine super Alternative zu Eiern. Die in dem Sojaprodukt reichlich enthaltenen Proteine (bis zu 14 Gramm pro 100 Gramm) sind tierischem Eiweiß ähnlich und werden deshalb vom Körper besonders gut verwertet. Kinder sollten nur wenig Soja verzehren, da die Soja-Isoflavone hormonelle Verschiebungen verursachen können.

Grüne Shakshuka mit Spinat

Frisch, leicht und vitalstoffreich: Die Frühlingsvariante des israelischen Frühstücksklassikers schmeckt als Low-Carb-Gericht auch abends.

Für 2 Personen
Zubereitung: 30 Minuten

150 g Edamamekerne (junge, grüne Sojabohnen; frisch oder tiefgekühlt)
Salz
200 g Zucchini
4 Frühlingszwiebeln
1 Knoblauchzehe
200 g junger Spinat
2 EL natives Olivenöl extra
1 EL ungeschälter Sesam
1 TL gemahlener Kreuzkümmel
¼ – ½ TL Chiliflocken (Pul Biber)
Pfeffer aus der Mühle
4 Eier (Größe M)
80 g Ziegenfrischkäse

Nährwerte pro Portion: ca. 520 kcal, 33 g EW, 33 g F, 19 g KH, 9 g BST, 6,3 g MUFS

+ Die Edamame in kochendem Salzwasser etwa 2 Minuten blanchieren, dann in ein Sieb abgießen und abtropfen lassen. Die Zucchini putzen, waschen und etwa 1 cm groß würfeln. Frühlingszwiebeln putzen, waschen und in dünne Ringe schneiden. Den Knoblauch schälen und fein würfeln. Den Spinat verlesen und waschen, grobe Stiele entfernen.

+ Zucchini, Frühlingszwiebeln und Knoblauch in einer großen Pfanne im Öl bei mittlerer Hitze 2 bis 3 Minuten andünsten. Edamame dazugeben, Spinat nach und nach hinzufügen und zusammenfallen lassen. Sesam dazugeben, mit Kreuzkümmel, ¼ TL Chiliflocken, Salz und Pfeffer würzen und offen bei mittlerer Hitze noch 3 bis 4 Minuten garen.

+ Die Pfanne vom Herd nehmen und mit einem Löffel vier Mulden in das Gemüse drücken. Die Eier nacheinander einzeln aufschlagen und jeweils in eine Mulde gleiten lassen. Den Ziegenkäse als Flöckchen um die Eier herumsetzen. Die Shakshuka mit geschlossenem Deckel bei mittlerer Hitze noch etwa 6 Minuten garen, bis die Eier gerade gestockt sind. Mit übrigen Chiliflocken bestreuen und am besten in der Pfanne servieren. Dazu passt Vollkornbaguette, dann ist das Rezept aber nicht mehr glutenfrei.

DIE ERNÄHRUNGS-DOCS

Grüne Gemüsesorten wie Spinat und Zucchini sind dank ihres hohen Wasseranteils kalorienarm und bringen jede Menge sättigende Ballaststoffe mit. Zudem strotzen sie nur so vor sekundären Pflanzenstoffen wie Carotinoiden und Chlorophyll. Diese schützen die Zellen vor freien Radikalen, kräftigen das Immunsystem und wirken entzündungshemmend.

Pilz-Lauch-Omelett mit Feta

Petersilienomelett trifft auf Champignons, Lauch und kräftigen Käse: ein herzhafter Weckruf aus der Pfanne und eiweißreicher Sattmacher.

Für 2 Personen
Zubereitung: 35 Minuten

1 Stange Lauch
200 g Champignons
2 ½ EL natives Olivenöl extra
Salz, Pfeffer aus der Mühle
½ TL geriebene Bio-Zitronenschale
½ Bund Petersilie
4 Eier (Größe M)
4 EL Milch (1,5 % Fett)
100 g Schafskäse light (mind. 20 % Fett i. Tr.)
2 TL Butter

Nährwerte pro Portion:
ca. 500 kcal, 27 g EW, 40 g F, 6 g KH, 3 g BST, 3,8 g MUFS

+ Den Lauch putzen, längs aufschneiden, gründlich waschen und in dünne Ringe schneiden. Die Pilze putzen, falls nötig, trocken abreiben und je nach Größe halbieren oder vierteln. Lauch und Pilze in einer beschichteten Pfanne (ca. 24 cm Durchmesser) in 2 EL Öl bei mittlerer Hitze 4 bis 5 Minuten anbraten. Mit Salz, Pfeffer und Zitronenschale würzen, aus der Pfanne nehmen und beiseitestellen.

+ Inzwischen die Petersilie waschen, trocken tupfen, die Blätter abzupfen und fein hacken. 2 EL zum Garnieren beiseitelegen, den Rest mit Eiern und Milch kräftig verquirlen, salzen und pfeffern. Den Schafskäse grob zerbröseln. Den Backofen auf 80 °C vorheizen.

+ Die Pfanne mit Küchenpapier säubern und je 1 TL Öl und Butter darin erhitzen. Die Hälfte der Eiermasse in die Pfanne geben und bei mittlerer Hitze 3 bis 4 Minuten stocken lassen. Je die Hälfte des beiseitegestellten Lauch-Pilz-Gemüses und des Käses darauf verteilen. Das Omelett zusammenklappen und mit geschlossenem Deckel noch 2 bis 3 Minuten garen. Danach auf einem Teller im Ofen warm halten. Die übrigen Zutaten zu einem zweiten Omelett verarbeiten. Mit der beiseitegestellten Petersilie bestreut servieren.

DIE ERNÄHRUNGS-DOCS

Eier sind ein probates Mittel gegen Bauchfett. Sie enthalten viel Eiweiß (rund 7 Gramm pro Ei) und alle neun lebensnotwendigen (essenziellen) Aminosäuren, die wir über die Nahrung aufnehmen müssen. Diese sind das A und O für eine gute Muskulatur, die dann wiederum Fett und Kalorien verbrennen kann. Trotzdem sollte man nicht mehr als 2 bis 3 Eier pro Woche essen.

Kefir-Pancakes mit Grapefruit

Breakfast in America: Genießen Sie den Morgen mit saftigen Mini-Pfannkuchen und rosa Zitrusfrüchten. So wird jeder Tag ganz schnell zu einem Sonn(en)tag!

Für 2 Personen
Zubereitung: 30 Minuten

2 rosa Grapefruits
¼ TL gemahlene Vanille
½ TL Johannisbrotkernmehl
80 g Dinkelvollkornmehl
2 EL zarte Haferflocken
1 TL Weinsteinbackpulver
1 EL Vollrohrzucker
2 EL kalt gepresstes Rapsöl
150 ml Kefir (1,5 % Fett)
1 Ei (Größe M)
2 EL Walnusskerne
100 g griech. Joghurt (0,2 % Fett)

Nährwerte pro Portion:
ca. 580 kcal, 17 g EW, 25 g F, 61 g KH, 6 g BST, 9 g MUFS

+ Die Grapefruits so großzügig schälen, dass auch die weiße Haut mit entfernt wird. Die Filets zwischen den einzelnen Trennhäuten herausschneiden, den austretenden Saft auffangen und den Rest der Grapefruits gut ausdrücken.

+ In einem kleinen Topf 125 ml aufgefangenen Grapefruitsaft mit Vanille und Johannisbrotkernmehl verrühren und bei mittlerer Hitze 1 bis 2 Minuten köcheln lassen, bis er sämig andickt. Die Mischung vom Herd nehmen und etwas abkühlen lassen, dann die Grapefruitfilets unterheben.

+ Für die Pancakes Mehl, Haferflocken, Backpulver und Zucker mischen. 1 EL Öl mit Kefir und Ei in einer Rührschüssel mit einem Schneebesen verquirlen und die Mehlmischung zügig unterrühren. Das restliche Öl in einer beschichteten Pfanne erhitzen. Pro Pancake 2 EL Teig hineingeben und bei mittlerer Hitze 3 bis 4 Minuten auf jeder Seite goldbraun braten. Insgesamt 6 Pancakes backen.

+ Zum Servieren die Walnüsse grob hacken. Die Pancakes auf Teller verteilen und Grapefruitkompott und Joghurt daraufsetzen. Mit den Walnüssen bestreuen.

DIE ERNÄHRUNGS-DOCS

Studien zeigen: Eiweißreiche Milchprodukte wie Kefir, Buttermilch, Joghurt oder andere fermentierte Milchprodukte können Sie beim Abnehmen unterstützen. Der Hauptgrund scheinen die enthaltenen probiotischen Darmbakterien zu sein, außerdem die satt machenden und muskelschützenden Milchproteine sowie der in der Milch reichlich enthaltene Mineralstoff Kalzium.

Sattmacher

Auf in die zweite Runde! Mittags brauchen Sie neue Energie, damit Sie fit und munter bis zum Abend durchhalten. Vor allem viel frisches Gemüse, Salate, Hülsenfrüchte, ordentlich Eiweiß und „gute“ Kohlenhydrate aus Kartoffeln, Reis, Pasta und Co. machen nachhaltig satt. Freuen Sie sich auf unsere leckere Auswahl. Sie werden merken: Schon beim Kochen werden neue Lebensgeister geweckt.

Gemüse-Buchweizen-Salat

Die Mischung macht's: Der lauwarme Buchweizensalat überrascht mit jungem Gemüse und einem raffinierten Dressing aus Mandeljoghurt, Senf und Zitrone.

Für 2 Personen
Zubereitung: 30 Minuten

100 g Buchweizen
Salz
1 kleine Zwiebel
1 Möhre
1 junger Kohlrabi (ca. 250 g)
1 EL natives Olivenöl extra
100 g tiefgekühlte Erbsen
Pfeffer aus der Mühle
3 EL Zitronensaft
50 g junge Salatblätter (z. B. Rucola, junger Mangold oder Blutampfer)
1 EL Kürbiskerne
100 g ungesüßte vegane Joghurtalternative auf Mandelbasis
1 ½ TL glutenfreier mittelscharfer Senf

Nährwerte pro Portion: ca. 385 kcal, 14 g EW, 11 g F, 53 g KH, 9 g BST, 2,1 g MUFS

+ Den Buchweizen in einem Sieb abbrausen und abtropfen lassen. Mit ¼ l Salzwasser in einem kleinen Topf aufkochen und mit geschlossenem Deckel bei schwacher Hitze etwa 12 Minuten köcheln lassen. Anschließend in ein Sieb abgießen, abtropfen und abkühlen lassen.

+ Inzwischen die Zwiebel schälen und fein würfeln. Möhre und Kohlrabi putzen, schälen und etwa 1 cm groß würfeln. Die Zwiebel in einer Pfanne im Öl bei mittlerer Hitze etwa 3 Minuten andünsten. Möhre und Kohlrabi etwa 5 Minuten mitdünsten. Tiefgekühlte Erbsen und 50 ml Wasser untermischen und etwa 1 Minute mitgaren. Alles mit Salz, Pfeffer und 1 EL Zitronensaft würzen, vom Herd nehmen.

+ Währenddessen den Salat verlesen, waschen und trocken schütteln, dabei grobe Stiele entfernen. Die Kürbiskerne in einer Pfanne ohne Fett bei mittlerer Hitze hell rösten, herausnehmen und abkühlen lassen. Mandeljoghurt, Senf, übrigen Zitronensaft, Salz, Pfeffer und nach Belieben 1 TL Ahornsirup verrühren. Zum Servieren das Gemüse mit Buchweizen und Salatblättern mischen, salzen und pfeffern. Den Salat auf Teller verteilen, mit dem Mandel-Dressing beträufeln und mit den Kürbiskernen bestreuen.

DIE ERNÄHRUNGS-DOCS

Vitamin C steckt reichlich in Zitronen und grünem Blattgemüse. Es ist ein echter Turbo für Ihren Fettstoffwechsel, denn es fördert die Fettverbrennung in der Leber. Zudem ist Vitamin C an der Produktion des Hormons Noradrenalin beteiligt, das unseren Appetit steuert und hilft, gespeichertes Fett aus den Fettzellen zu lösen und als Energie für den Körper nutzbar zu machen.

Gersten-Fenchel-Salat mit Halloumi

Gerste ist langweilig? Von wegen! Hier verbinden sich die gesunden Körner mit Paprika, Fenchel, Orange und Halloumi zu einem sommerlichen Gute-Laune-Salat.

Für 2 Personen
Zubereitung: 50 Minuten
Einweichen: 8 Stunden (über Nacht)

100 g Gerste
Salz
1 Orange
1 Fenchelknolle (ca. 400 g)
1 rote Spitzpaprikaschote
1 Frühlingszwiebel
4 Stiele Koriandergrün
Pfeffer aus der Mühle
Chiliflocken (Pul Biber)
2 EL natives Olivenöl extra
125 g Halloumi (Grillkäse)
1 EL Olivenöl zum Braten

Nährwerte pro Portion:
ca. 650 kcal, 27 g EW, 36 g F, 49 g KH, 11 g BST, 2,8 g MUFS

+ Am Vorabend die Gerste in einer Schüssel mit kaltem Wasser übergießen und etwa 8 Stunden, am besten über Nacht, einweichen. Am nächsten Tag die Gerste in ein Sieb abgießen und kurz abtropfen lassen. Dann in einem Topf in kochendem Salzwasser mit geschlossenem Deckel bei mittlerer Hitze 35 bis 40 Minuten garen. Anschließend in ein Sieb abgießen und abtropfen lassen.

+ Inzwischen die Orange so großzügig schälen, dass auch die weiße Haut mit entfernt wird. Die Filets zwischen den einzelnen Trennhäuten herausschneiden, den austretenden Saft auffangen und den Rest der Orange gut ausdrücken. Den Fenchel putzen, waschen, längs vierteln und den harten Strunk entfernen. Die Viertel in feine Streifen schneiden, dabei das Fenchelgrün beiseitelegen. Die Paprika längs halbieren, putzen, waschen und die Hälften quer in feine Streifen schneiden. Die Frühlingszwiebel putzen, waschen und in dünne Ringe schneiden. Den Koriander waschen, trocken tupfen, die Blätter abzupfen und mit dem beiseitegelegten Fenchelgrün grob hacken.

+ Für das Dressing den aufgefangenen Orangensaft mit Salz, Pfeffer, 1 Prise Chiliflocken und dem nativen Öl in einer Salatschüssel verrühren. Gerste, Orange, Fenchel, Paprika, Frühlingszwiebel, Koriandergrün und Fenchelgrün dazugeben und alles gut mischen. Den Salat auf Teller verteilen.

+ Zum Servieren den Halloumi trocken tupfen, in 4 Scheiben schneiden und in einer Pfanne im Öl zum Braten bei mittlerer bis starker Hitze auf jeder Seite 2 bis 3 Minuten goldbraun braten. Herausnehmen und zum Salat servieren.

Reis-Linsen-Salat mit Mangold

Blitz-Naturreis und gegarte Linsen sind fix gemischt – dazu gebratener Mangold, aromatische Tomaten und Ziegenkäse ... und das Salatglück ist perfekt!

Für 2 Personen
Zubereitung: 30 Minuten

100 g 10-Minuten-Naturreis
Salz
130 g gegarte Linsen (aus der Dose)
4 EL Orangensaft
2 EL Zitronensaft
Pfeffer aus der Mühle
½ TL Chiliflocken (Pul Biber)
4 EL natives Olivenöl extra
200 g Mangold
1 Knoblauchzehe
150 g bunte Cocktailtomaten (rot, gelb)
1 Frühlingszwiebel
2 EL Ziegenfrischkäse

Nährwerte pro Portion:
ca. 540 kcal, 16 g EW, 25 g F, 58 g KH, 8 g BST, 2,8 g MUFS

+ Den Reis in kochendem Salzwasser nach Packungsanweisung bissfest garen. Dann in ein Sieb abgießen und abtropfen lassen. Inzwischen die Linsen in einem Sieb abbrausen und abtropfen lassen. Orangen- und Zitronensaft, Salz, Pfeffer, Chiliflocken und 3 EL Öl in einer Salatschüssel verrühren. Reis und Linsen unter das Dressing mischen und alles lauwarm abkühlen lassen.

+ Währenddessen den Mangold putzen, waschen und die Blätter von den Stielen trennen. Die Stiele quer in etwa 1 cm breite, die Blätter in dünne Streifen schneiden. Den Knoblauch schälen, fein würfeln und in einer Pfanne im übrigen Öl bei mittlerer Hitze kurz andünsten. Die Mangoldstiele bei mittlerer Hitze etwa 5 Minuten mitdünsten. Dann die Mangoldblätter hinzufügen und etwa 2 Minuten zusammenfallen lassen. Alles salzen und pfeffern, vom Herd nehmen.

+ Die Tomaten waschen und halbieren. Die Frühlingszwiebel putzen, waschen und in dünne Ringe schneiden. Zum Servieren Mangold, Tomaten und Frühlingszwiebel mit dem Reis-Linsen-Mix mischen und auf Teller verteilen, mit dem Ziegenkäse garnieren. Nach Belieben mit Bio-Orangenzesten und gehackter Petersilie bestreuen.

DIE ERNÄHRUNGS-DOCS

Mangold strotzt vor sekundären Pflanzenstoffen: Satte 3,5 Milligramm Beta-Carotin stecken beispielsweise in 100 Gramm. Das macht das Blattgemüse zum perfekten Schutzschild für Zellen, Schleimhäute und Augen. Zudem kurbelt Beta-Carotin die Fettverdauung an und stärkt gemeinsam mit reichlich Vitamin C das Immunsystem und die Abwehrkräfte.

Spinat-Crespelle Toskana

Zum Mittagessen mal eben nach Italien? Kein Problem – mit einem fluffigen Spinatpfannkuchen und einem würzigen Mix aus Zucchini, Tomaten und Oliven.

Für 2 Personen
Zubereitung: 30 Minuten
Quellen: 20 Minuten

60 g junger Spinat
125 g Dinkelvollkornmehl
2 Eier (Größe M)
200 ml Milch (1,5 % Fett)
Salz, Pfeffer aus der Mühle
200 g kleine Zucchini
150 g kleine Strauchtomaten
8 schwarze Oliven (ohne Stein)
1 Knoblauchzehe
2 EL natives Olivenöl extra
30 g Parmesanspäne

Nährwerte pro Portion:
ca. 595 kcal, 28 g EW, 28 g F, 51 g KH, 10 g BST, 3,5 g MUFS

+ Für den Teig den Spinat verlesen, waschen und trocken schleudern, dabei grobe Stiele entfernen. Einige Blätter zum Garnieren beiseitelegen, die restlichen grob hacken und mit Mehl, Eiern und Milch in einen hohen Rührbecher geben. Alles mit dem Stabmixer zu einem glatten Teig pürieren, salzen und pfeffern und etwa 20 Minuten quellen lassen.

+ Inzwischen die Zucchini putzen, waschen, längs halbieren und in etwa 1 cm dicke Scheiben schneiden. Die Tomaten waschen und vierteln, dabei die Stielansätze entfernen. Die Oliven abtropfen lassen und halbieren. Den Knoblauch schälen, fein würfeln und mit den Zucchinischeiben in einer beschichteten Pfanne (ca. 20 cm Durchmesser) in 1 EL Öl bei mittlerer Hitze etwa 3 Minuten braten. Vom Herd nehmen, Tomaten und Oliven untermischen. Den Gemüse-Mix mit Salz und Pfeffer würzen und warm halten.

+ Backofen auf 80 °C vorheizen. Die Pfanne mit Küchenpapier säubern und ½ EL Öl darin erhitzen. Den Teig nochmals durchrühren, dann die Hälfte des Teigs in die Pfanne gießen und darin bei mittlerer Hitze 2 bis 3 Minuten zu einem Pfannkuchen backen. Wenden und die andere Seite ebenfalls 2 bis 3 Minuten backen. Den Pfannkuchen aus der Pfanne nehmen und auf einem Teller im Ofen warm halten. Auf diese Weise im restlichen Öl aus dem übrigen Teig noch einen weiteren Pfannkuchen backen.

+ Zum Servieren die Spinat-Crespelle auf vorgewärmte Teller setzen und jeweils mit der Hälfte der Gemüsemischung anrichten. Mit den Parmesanspänen und den beiseitegelegten Spinatblättern bestreuen.

Brokkoli-Pasta mit Cashewsauce

Der Clou an dieser veganen Pasta mit Brokkoli, Zuckerschoten und Pfifferlingen? Eine wunderbar cremige Sauce aus eingeweichten Cashewkernen und Gemüsebrühe!

Für 2 Personen
Zubereitung: 30 Minuten
Einweichen: 8 Stunden (über Nacht)

100 g Cashewkerne
200 ml Gemüsebrühe
Salz, Pfeffer aus der Mühle
250 g Brokkoliröschen
100 g Zuckerschoten
150 g Pfifferlinge (ersatzweise Kräuterseitlinge)
2 Frühlingszwiebeln
130 g Dinkelvollkornnudeln (z. B. Penne)
1 EL Olivenöl zum Braten

Nährwerte pro Portion: ca. 690 kcal, 28 g EW, 33 g F, 62 g KH, 19 g BST, 7,0 g MUFS

+ Am Vorabend die Cashewkerne mit der Brühe in einen hohen Rührbecher geben und etwa 8 Stunden, am besten über Nacht, einweichen.

+ Am nächsten Tag die eingeweichten Cashewkerne samt Brühe mit dem Stabmixer glatt pürieren, die Sauce salzen und pfeffern. Brokkoli und Zuckerschoten getrennt putzen und waschen. Die Pilze putzen und trocken abreiben, größere Exemplare halbieren. Die Frühlingszwiebeln putzen, waschen und in dünne Ringe schneiden.

+ Die Nudeln in reichlich kochendem Salzwasser nach Packungsanweisung bissfest garen. Dabei den Brokkoli etwa 4 Minuten vor Ende der Garzeit, die Zuckerschoten etwa 2 Minuten vorher dazugeben. Währenddessen die Pilze in einer Pfanne im Öl bei starker Hitze 4 bis 5 Minuten unter Wenden braten, herausnehmen und beiseitestellen.

+ Den Nudel-Gemüse-Mix in ein Sieb abgießen und tropfnass mit der Cashewsauce in die Pfanne geben. Die Pilze hinzufügen und alles bei schwacher Hitze nochmals kurz erhitzen, salzen und pfeffern. Zum Servieren die Pasta auf Teller verteilen und mit Frühlingszwiebelringen bestreuen.

DIE ERNÄHRUNGS-DOCS

Cashewkerne zählen zu den besten pflanzlichen Proteinquellen und liefern viele Antioxidantien, B-Vitamine, Omega-3-Fettsäuren, Eisen und Magnesium. Wer täglich 1 Handvoll knabbert, kann sogar sein Gewicht reduzieren und Diabetes Typ 2 vorbeugen. Das liegt an den enthaltenen langkettigen Kohlenhydraten und den Ballaststoffen, die den Blutzuckerspiegel konstant halten.

Asiatischer Nudel-Gemüse-Wok

Fix gerührt und unglaublich gut: Spaghetti gehen hier mit fernöstlichen Gewürzen fremd, dazu gesellen sich Räuchertofu, Paprika, Möhre und Lauch aus dem Wok.

Für 2 Personen
Zubereitung: 30 Minuten

125 g Kamut-Vollkornspaghetti (ersatzweise Dinkelvollkornspaghetti)
Salz
1 TL geröstetes Sesamöl
100 g geräucherter Tofu
1 rote Zwiebel, 15 g Ingwer
1 Stange Lauch, 1 Möhre
1 rote Spitzpaprikaschote
80 g Mungobohnensprossen
2 EL helles Sesamöl
1 TL gemahlener Koriander
½ TL gemahlene Kurkuma
100 ml vegane Gemüsebrühe
2–3 EL vegane Sojasauce
1 EL scharfe Chilisauce
Pfeffer aus der Mühle

Nährwerte pro Portion: ca. 500 kcal, 23 g EW, 19 g F, 52 g KH, 14 g BST, 9 g MUFS

+ Die Nudeln in einem großen Topf in reichlich kochendem Salzwasser nach Packungsanweisung bissfest garen. Anschließend in ein Sieb abgießen, abtropfen lassen und mit dem gerösteten Sesamöl mischen.

+ Inzwischen den Tofu trocken tupfen und in Streifen schneiden. Zwiebel und Ingwer schälen und fein würfeln. Lauch putzen, längs aufschneiden, gründlich waschen und schräg in etwa ½ cm dicke Scheiben schneiden. Möhre putzen, schälen und schräg in Scheiben schneiden. Paprika längs halbieren, putzen, waschen und klein würfeln. Die Sprossen in einem Sieb abbrausen und abtropfen lassen.

+ Tofu, Zwiebel und Ingwer im Wok oder in einer großen Pfanne im hellen Sesamöl etwa 3 Minuten anbraten. Koriander und Kurkuma etwa 1 Minute mitdünsten. Gemüse hinzufügen und etwa 3 Minuten mitbraten. Alles mit Brühe und Sojasauce ablöschen und mit geschlossenem Deckel bei schwacher Hitze noch etwa 5 Minuten garen.

+ Zum Servieren das Gemüse mit Chilisauce, Salz und Pfeffer abschmecken. Nudeln und Sprossen unterheben, alles nochmals kurz erhitzen und auf Teller verteilen.

DIE ERNÄHRUNGS-DOCS

Kamut bzw. Khorasan ist ein ägyptischer Urweizen, der durch seinen Reichtum an Nährstoffen besticht. Er weist 30 bis 40 Prozent mehr Proteine auf als moderne Weizensorten, mehr ungesättigte Fettsäuren und Mineralstoffe wie Magnesium, Selen und Zink. Kamut ist nicht glutenfrei, gilt aber als allergen- und reizstoffarm – ideal für Personen mit Weizensensitivität.

Tomatenrisotto mit Ricottanocken

Der italienische Klassiker überzeugt auch in der Vollkornvariante – mit bunten Tomaten, Erbsen, Pesto und fruchtig-frischen Zitronen-Ricotta-Nocken.

Für 2 Personen
Zubereitung: 35 Minuten

- 2 Schalotten
- 1 Knoblauchzehe
- 2 EL natives Olivenöl extra
- 125 g Rundkorn- oder Mittelkorn-Vollkornreis
- ½ l glutenfreie heiße Gemüsebrühe
- 200 g bunte Cocktailtomaten (rot, gelb)
- Salz, Pfeffer aus der Mühle
- 4 TL rotes Tomaten-Pesto (aus dem Glas)
- 150 g tiefgekühlte Erbsen
- 100 g Ricotta (mind. 45 % Fett i. Tr.)
- ½ TL abgeriebene Bio-Zitronenschale
- 2 Stiele Basilikum

Nährwerte pro Portion:
ca. 600 kcal, 18 g EW, 28 g F, 64 g KH, 8 g BST, 5,3 g MUFS

+ Schalotten und Knoblauch schälen und getrennt fein würfeln. Die Schalotten in einem Topf in 1 EL Öl bei mittlerer Hitze andünsten. Reis und Knoblauch dazugeben und kurz mitdünsten. Erst 100 ml Brühe dazugießen und unter Rühren verdampfen lassen. Dann nach und nach die übrige Brühe dazugießen – der Reis soll immer knapp bedeckt sein. Das Risotto nach Packungsanweisung 25 bis 30 Minuten bissfest garen, dabei immer wieder umrühren.

+ Inzwischen die Tomaten waschen und in einer kleinen Pfanne im übrigen Öl bei mittlerer Hitze 4 bis 5 Minuten anbraten. Leicht salzen und pfeffern und auf dem ausgeschalteten Herd noch etwas ziehen lassen.

+ Etwa 5 Minuten vor Ende der Garzeit Pesto und Erbsen unter das Risotto rühren, salzen und pfeffern. Den Ricotta mit der Zitronenschale verrühren. Das Basilikum waschen, trocken tupfen und die Blätter abzupfen.

+ Zum Servieren das Risotto auf tiefe Teller verteilen. Aus dem Ricotta-Mix mit zwei angefeuchteten Esslöffeln Nocken abstechen und jeweils 3 Nocken auf jedes Risotto setzen. Mit Tomaten und Basilikum garnieren.

DIE ERNÄHRUNGS-DOCS

Lycopin heißt das Carotinoid, das Tomaten ihre rote Farbe verleiht. Laut einer aktuellen Studie portugiesischer Forscher ist der Farbstoff von allen Carotinoiden das stärkste Antioxidans: Lycopin hilft, Krankheiten vorzubeugen, die mit oxidativem Stress in Zusammenhang stehen. Zudem wirkt es im Körper entzündungshemmend und bremst damit auch das Bauchfett.

Quinoa-Buddha-Bowl mit Tempeh

Eine Schüssel voller Vitamine und Eiweiß-Power: Mit viel buntem Gemüse und würzig mariniertem gebratenem Tempeh macht diese Bowl satt und glücklich.

Für 2 Personen
Zubereitung: 40 Minuten
Marinieren: 1 Stunde

1 Orange
20 g Ingwer
2 EL vegane glutenfreie Sojasauce (z. B. Tamari)
½ TL Chiliflocken (Pul Biber)
200 g Tempeh (aus dem Bioladen)
125 g helle Quinoa, Salz
1 Mini-Salatgurke (ca. 150 g)
2 EL Limettensaft
100 g Rotkohl
1 große Möhre
2 EL helles Sesamöl
150 g ungesüßte vegane Joghurtalternative auf Cashewbasis

Nährwerte pro Portion: ca. 630 kcal, 32 g EW, 26 g F, 60 g KH, 15 g BST, 13 g MUFS

+ Orange halbieren und auspressen. Ingwer schälen und fein reiben. Beides mit Sojasauce und Chiliflocken verrühren. Tempeh in etwa ½ cm dicke Scheiben schneiden, in der Marinade wenden und etwa 1 Stunde ziehen lassen.

+ Inzwischen die Quinoa in einem Sieb kalt abbrausen und abtropfen lassen. In einem kleinen Topf mit ¼ l Salzwasser aufkochen und mit geschlossenem Deckel bei schwacher Hitze etwa 20 Minuten quellen lassen. Die Gurke putzen, waschen und klein würfeln. Mit Limettensaft und Salz mischen. Rotkohl putzen, waschen und in feine Streifen schneiden, leicht salzen und mit den Händen 1 bis 2 Minuten kneten. Möhre schälen und in feine Streifen schneiden.

+ Zum Servieren die Quinoa auf Bowls (Schalen) verteilen. Gurke, Rotkohl und Möhre darauf nebeneinander anrichten. Den Tempeh aus der Marinade nehmen, trocken tupfen und in einer beschichteten Pfanne im Öl auf jeder Seite 2 bis 3 Minuten goldbraun braten, dann herausnehmen. Die Marinade bei mittlerer Hitze sirupartig einkochen lassen. Den Tempeh samt Sauce auf der Bowl verteilen, alles mit Joghurt beträufeln und nach Belieben mit Koriandergrün bestreuen.

DIE ERNÄHRUNGS-DOCS

Tempeh ist in Indonesien ein Grundnahrungsmittel. Das Fermentationsprodukt auf der Basis von Sojabohnen und speziellen Pilzkulturen ist mit 19 Gramm Eiweiß pro 100 Gramm sogar proteinreicher als Tofu und damit das perfekte Lebensmittel gegen Bauchfett. Studien haben gezeigt, dass eiweißreiche Lebensmittel den Stoffwechsel ankurbeln und den Hunger reduzieren.

Wirsingrouladen mit Hirsefüllung

Der Winterkohl und die Hirsefüllung sind ein echtes Dream-Team – in Tomatensauce sanft geschmort und so würzig, dass garantiert niemand Fleisch vermissen wird.

Für 2 Personen
Zubereitung: 45 Minuten
Garen: 25 Minuten

1 kleine Zwiebel
100 g Möhren
100 g Knollensellerie
3 EL natives Olivenöl extra
100 g Hirse
1 ½ TL getr. Thymian
300 g ml vegane glutenfreie Gemüsebrühe
30 g Walnusskerne
4 große Wirsingblätter (ca. 300 g)
Salz, Pfeffer aus der Mühle
1 Dose Cocktailtomaten
(400 g; ersatzweise stückige Tomaten)

Nährwerte pro Portion:
ca. 570 kcal, 15 g EW, 32 g F, 50 g KH, 13 g BST, 12,1 g MUFS

+ Die Zwiebel schälen, Möhren und Sellerie putzen und schälen und alles klein würfeln. Das Gemüse in einem Topf in 1 EL Öl bei mittlerer Hitze etwa 3 Minuten andünsten. Die Hirse und 1 TL Thymian kurz mitdünsten. 200 ml Brühe dazugießen, alles aufkochen und mit geschlossenem Deckel bei schwacher Hitze etwa 15 Minuten garen. Den Hirse-Mix vom Herd nehmen und offen etwas abkühlen lassen.

+ Inzwischen die Walnüsse in einer Pfanne ohne Fett bei mittlerer Hitze hell rösten. Herausnehmen, abkühlen lassen und grob hacken. Die Wirsingblätter waschen und in reichlich kochendem Salzwasser 4 bis 5 Minuten blanchieren. Dann in einem Sieb kalt abschrecken und kurz abtropfen lassen. Die Blätter trocken tupfen und dicke Blattrippen herausschneiden.

+ Den Hirse-Mix mit den Nüssen mischen, salzen und pfeffern. Jeweils ein Viertel der Füllung auf ein Wirsingblatt setzen, das Blatt rechts und links einschlagen und von unten nach oben aufrollen. Die Rouladen mit Küchengarn fixieren. Das übrige Öl in einem großen Topf erhitzen und die Wirsingrouladen darin bei mittlerer Hitze rundum etwa 4 Minuten anbraten.

+ Währenddessen die Tomaten mit der übrigen Brühe verrühren und mit Salz, Pfeffer und restlichem Thymian würzen. Den Mix zu den Rouladen gießen und alles mit geschlossenem Deckel bei mittlerer Hitze etwa 25 Minuten garen.

+ Zum Servieren die Wirsingrouladen mit der Tomatensauce auf tiefe Teller verteilen.

Kürbis-Kokos-Curry mit Tofu

Chili, Currypaste und Ingwer heizen dem Gemüse-Allerlei ordentlich ein, knusprige Tofuwürfel und Kürbiskerne krönen das Curry mit Aroma und Biss.

Für 2 Personen
Zubereitung: 45 Minuten

1 rote Zwiebel
1 Knoblauchzehe
15 g Ingwer
1 kleine rote Chilischote
200 g festkochende Kartoffeln
200 g Hokkaidokürbis
100 g junger Pak Choi
150 g tiefgekühlte grüne Bohnen
1 EL natives Kokosöl
1 EL rote Thai-Currypaste
¼ l vegane glutenfreie Gemüsebrühe
100 g Tofu natur
1–2 EL glutenfreie Sojasauce (z. B. Tamari)
200 ml Kokosmilch
1 EL Kürbiskerne
½ Bio-Limette (in Spalten)

Nährwerte pro Portion:
ca. 500 kcal, 19 g EW, 33 g F, 32 g KH, 8 g BST, 5,9 g MUFS

+ Zwiebel, Knoblauch und Ingwer getrennt schälen und fein würfeln. Die Chili längs halbieren, putzen, waschen und fein würfeln. Die Kartoffeln schälen, den Kürbis waschen und entkernen, beides etwa 1 cm groß würfeln. Pak Choi putzen, waschen und grob hacken. Bohnen antauen lassen.

+ Zwiebel und Knoblauch in einem großen Topf in ½ EL Öl bei mittlerer Hitze 2 bis 3 Minuten anbraten. Ingwer, Chili, Kartoffeln und Kürbis etwa 5 Minuten mitbraten. Currypaste kurz mitdünsten. Brühe dazugießen, alles aufkochen und offen bei mittlerer Hitze etwa 10 Minuten köcheln lassen. Nach etwa 5 Minuten Garzeit die Bohnen dazugeben.

+ Den Tofu trocken tupfen, etwa 1 cm groß würfeln und in einer Pfanne im übrigen Öl bei mittlerer bis starker Hitze 3 bis 4 Minuten rundum goldbraun braten. Mit 1 EL Sojasauce beträufeln, vom Herd nehmen. Pak Choi und Kokosmilch unter das Gemüse rühren, das Curry nochmals aufkochen und mit übriger Sojasauce abschmecken.

+ Zum Servieren das Curry und den Tofu auf Schalen verteilen, mit Kürbiskernen bestreuen und die Limettenspalten dazu reichen. Dazu passt Vollkorn-Basmatireis.

DIE ERNÄHRUNGS-DOCS

Würzen Sie Ihre Gerichte gerne scharf! Ob Chili, Cayennepfeffer, Curry, Ingwer, Pfeffer oder Meerrettich – alle kurbeln den Stoffwechsel sowie den Energieverbrauch an (siehe Seite 32 f.). Der Körper verbrennt auf diese Weise mehr Kalorien und auch mehr Fett. Zudem stimulieren die scharfen Aromen nicht nur Ihre Geschmacksnerven, sondern zügeln auch den Appetit.

5 ml

Currywintergemüse mit Hirse

Das wärmt an kalten Tagen: Rosenkohl, Rote Beten, Möhren und Kichererbsen werden mit Gewürzen im Ofen gegart und kommen mit cremiger Hirse auf den Tisch.

Für 2 Personen
Zubereitung: 20 Minuten
Garen: 30–35 Minuten

400 g Rosenkohl
300 g kleine Rote Beten
250 g Möhren
1 rote Zwiebel
100 g Kichererbsen (aus der Dose)
4 EL Olivenöl zum Braten
1 TL scharfes Currypulver
½ TL edelsüßes Paprikapulver
Salz, Pfeffer aus der Mühle
100 g Hirse
200 ml glutenfreie Gemüsebrühe
100 g Kochsahne (15 % Fett)
2 Handvoll Radieschensprossen

Nährwerte pro Portion:
ca. 700 kcal, 20 g EW, 34 g F, 69 g KH, 18 g BST, 5,3 g MUFS

+ Den Backofen auf 220 °C vorheizen. Den Rosenkohl putzen, waschen, halbieren, Strunk kreuzweise einschneiden. Die Roten Beten waschen, schälen und in etwa 1 cm breite Scheiben schneiden (Achtung, die Knollen färben stark ab!). Die Möhren putzen, schälen und schräg in etwa 2 cm breite Stücke schneiden. Die Zwiebel schälen, halbieren und in Streifen schneiden. Die Kichererbsen in einem Sieb abbrausen und abtropfen lassen.

+ In einer Schüssel Öl, Curry, Paprika, Salz und Pfeffer mischen. Rosenkohl, Rote Beten und Möhren mit der Hälfte des Würzöls mischen und auf einem Backblech verteilen. Im Ofen auf der mittleren Schiene etwa 20 Minuten garen. Inzwischen Zwiebel und Kichererbsen mit dem übrigen Würzöl mischen und nach etwa 20 Minuten Garzeit mit auf das Blech geben. Alles noch 10 bis 15 Minuten garen.

+ Die Hirse in einem Sieb abbrausen und abtropfen lassen. Brühe und Sahne in einem Topf aufkochen und die Hirse darin mit geschlossenem Deckel 10 bis 15 Minuten garen, dabei ab und zu umrühren. Zum Servieren die Sprossen in einem Sieb abbrausen und trocken tupfen. Das Gemüse aus dem Ofen nehmen und mit Hirse und Sprossen servieren.

DIE ERNÄHRUNGS-DOCS

Wer Rosenkohl isst, hilft seinem Körper dabei, Fett zu verbrennen. Entscheidend für den positiven Effekt sind die in den grünen Kohlköpfchen enthaltenen Bitterstoffe. Sie beugen Heißhunger vor und sorgen so dafür, dass der Blutzucker stabil bleibt. Außerdem verhindern Bitterstoffe erhöhte Cholesterinspiegel und helfen im Magen-Darm-Trakt, Fett besser aufzuspalten.

1 × roter Reis – 3 Rezepte

Wunderbar aromatisch: Roter Camargue-Naturreis schenkt Salaten, Bowls und Gemüsepfannen eine mild-nussige Basis – und ist mit reichlich B-Vitaminen, Mineral- und Ballaststoffen nicht nur optisch ein Highlight.

Gut zu wissen: Der rote Camargue-Reis ist eine Züchtung aus wildem und kultiviertem Reis und wird, da die Anbaufläche in der Camargue nicht mehr ausreicht, inzwischen auch in Norditalien angebaut – ebenfalls in Bioqualität. Der Reis wächst auf mineralstoffreichen Tonböden, denen er seine tiefrote Farbe verdankt.

Bitte den roten Naturreis nicht mit dem fermentierten roten Reis bzw. Rotschimmelreis aus China verwechseln! Dieser soll überhöhte Blutfettwerte senken, kann allerdings auch Nebenwirkungen wie Muskelschmerzen oder Magen-Darm-Beschwerden auslösen.

ROTER REIS – BASISREZEPT

Für ca. 600 g gegarten Reis (oder als Beilage für 4): **200 g roten Reis** mit **½ l leicht gesalzenem Wasser** in einem Topf aufkochen und mit geschlossenem Deckel bei schwacher bis mittlerer Hitze 35 bis 40 Minuten köcheln lassen, bis das Wasser vollständig aufgesogen ist. Dabei ab und zu umrühren. Dann den Reis offen auf dem ausgeschaltenen Herd ausdampfen lassen. Abkühlen lassen und nach Rezept weiterverarbeiten.

ROTE REIS-BOWL MIT EI

Für 2 Personen: **200 g gegarten roten Reis (Basisrezept)** mit **2 EL glutenfreiem Balsamico bianco, Salz, Pfeffer** und **2 EL nativem Olivenöl extra** mischen. **2 Frühlingszwiebeln** putzen, waschen und in Ringe schneiden. **200 g kleine Strauchtomaten** waschen und in Scheiben schneiden, dabei Stielansätze entfernen. **30 g jungen Spinat** verlesen, waschen und trocken schütteln, grobe Stiele entfernen. **2 Eier (Größe M)** 6 bis 7 Minuten wachsweich kochen, kalt abschrecken, pellen und halbieren. Reis auf Bowls (Schalen) verteilen, Frühlingszwiebeln, Tomaten, Spinat und Eier daraufsetzen und **100 g Schafskäse light (mind. 20 % Fett i. Tr.)** darüberbröseln. Sofort servieren.

Nährwerte pro Portion: ca. 480 kcal, 19 g EW, 29 g F, 33 g KH, 4 g BST, 3,4 g MUFS

WINTERREISSALAT

Für 2 Personen: **200 g Rosenkohl** putzen, waschen und halbieren. In einer Pfanne in **1 EL nativem Olivenöl extra** etwa 10 Minuten braten, leicht **salzen** und **pfeffern. ½ Apfel (z. B. Boskop)** waschen, entkernen und würfeln. **50 g Feldsalat** verlesen, waschen und trocken schütteln. **2 EL Weißweinessig, 1 TL glutenfreien scharfen Senf,** Salz, Pfeffer und **2 EL kalt gepresstes Walnussöl** verrühren. Mit **200 g gegartem rotem Reis (Basisrezept),** Rosenkohl, Apfel und Feldsalat mischen. **20 g Walnusskerne** hacken und zum Servieren darüberstreuen.

Nährwerte pro Portion: ca. 395 kcal, 8 g EW, 23 g F, 33 g KH, 6 g BST, 13,0 g MUFS

GEMÜSE-BRATREIS MIT DIP

Für 2 Personen: **200 g Sojajoghurt natur** mit **1 EL gehackter Minze, 2 TL Limettensaft** und **2 TL nativem Olivenöl extra** verrühren, **salzen. 150 g Möhren, 200 g Zucchini** und **1 rote Zwiebel** putzen, schälen bzw. waschen und klein würfeln. In einer Pfanne in **2 EL nativem Olivenöl extra** 5 Minuten braten. **120 g Kichererbsen (aus der Dose)** in einem Sieb abbrausen und abtropfen lassen. Mit **200 g gegartem rotem Reis (Basisrezept)** und **1 TL Harissa-Paste** dazugeben, alles 5 Minuten mitbraten. Mit Salz, **Pfeffer** und **Limettensaft** abschmecken, mit Joghurtdip servieren.

Nährwerte pro Portion: ca. 425 kcal, 13 g EW, 18 g F, 45 g KH, 8 g BST, 3,5 g MUFS

Matjes mit Bohnen-Bratkartoffeln

Zarter Hering in würziger Sahnesauce – dieser Klassiker lässt sich auch auf die leichte Art zubereiten. Bratkartoffeln und Bohnen machen den Genuss perfekt!

Für 2 Personen
Zubereitung: 40 Minuten
Ziehen: 1 Stunde

1 kleiner säuerlicher Apfel (z. B. Elstar)
1 EL Zitronensaft
3 Frühlingszwiebeln
200 g Matjesfilets
½ Bund Dill
200 g griech. Joghurt (0,2 % Fett)
2 EL saure Sahne (10 % Fett)
2 EL glutenfreier Apfelessig
Salz, Pfeffer aus der Mühle
200 g tiefgekühlte grüne Bohnen
300 g festkochende Kartoffeln
2 EL Olivenöl zum Braten
½ TL edelsüßes Paprikapulver

Nährwerte pro Portion:
ca. 645 kcal, 26 g EW, 38 g F, 45 g KH, 7 g BST, 5,7 g MUFS

+ Den Apfel waschen, vierteln, entkernen und quer in Scheiben schneiden. Sofort mit Zitronensaft beträufeln, damit sich der Apfel nicht bräunlich verfärbt. Die Frühlingszwiebeln putzen, waschen und in dünne Ringe schneiden. Den Matjes schräg in etwa 2 cm breite Stücke schneiden. Den Dill waschen, trocken tupfen und die Spitzen abzupfen. 1 EL zum Garnieren beiseitelegen, den Rest fein hacken.

+ Den Joghurt mit saurer Sahne, Essig und 4 EL Wasser verrühren, leicht salzen und pfeffern. Apfel, Frühlingszwiebeln, Matjes und gehackten Dill untermischen. Alles im Kühlschrank abgedeckt etwa 1 Stunde ziehen lassen.

+ Währenddessen Bohnen in kochendem Salzwasser etwa 5 Minuten blanchieren. In ein Sieb abgießen, kalt abschrecken und abtropfen lassen. Die Kartoffeln schälen und etwa 1 cm groß würfeln, in einer großen Pfanne im Öl bei mittlerer bis starker Hitze 12 bis 15 Minuten rundum goldbraun braten. Die Bohnen untermischen und etwa 1 Minute mitbraten. Alles mit Salz, Pfeffer und Paprikapulver würzen.

+ Zum Servieren die Bratkartoffeln mit dem Matjes auf Teller verteilen und mit dem beiseitegelegten Dill garnieren.

DIE ERNÄHRUNGS-DOCS

Kaltwasserfische wie Hering, Makrele oder Lachs sind reich an mehrfach ungesättigten Omega-3-Fettsäuren (MUFS), die stille Entzündungen bekämpfen. Unser Körper verwendet die essenziellen Fettsäuren aber auch für die Bildung von Leptin. Dieses Hormon zügelt den Appetit, reguliert den Stoffwechsel und beeinflusst damit auch die Fettverbrennung (siehe Seite 9).

Gegrillter Lachs mit Peperonata

Unser Lieblingsfisch bekennt Farbe und trifft auf buntes Paprikagemüse. Ebenfalls mit von der Partie: Zitrone, Chili, Knoblauch und mediterrane Kräuter.

Für 2 Personen
Zubereitung: 40 Minuten

je 1 große rote, gelbe und grüne Paprikaschote (ca. 600 g)
1 rote Zwiebel
1 Knoblauchzehe
2 EL natives Olivenöl extra
½ TL getr. Thymian
200 g passierte Tomaten (aus der Dose)
2–3 EL Balsamico bianco
Salz, Pfeffer aus der Mühle
2 Lachsfilets (à ca. 160 g)
1 EL Zitronensaft
½ TL Chiliflocken (Pul Biber)
1 EL Olivenöl zum Braten
4–6 Scheiben Vollkornbaguette (ca. 100 g)

Nährwerte pro Portion:
ca. 640 kcal, 40 g EW, 35 g F, 36 g KH, 10 g BST, 7,4 g MUFS

+ Die Paprika längs halbieren, putzen, waschen und in etwa 1 ½ cm große Stücke schneiden. Zwiebel schälen und in Spalten schneiden. Knoblauch schälen und fein würfeln.

+ Das native Öl in einem großen Topf erhitzen und Paprika, Zwiebel und Knoblauch darin bei mittlerer Hitze etwa 5 Minuten andünsten. Thymian und Tomatenpüree dazugeben und 1 bis 2 Minuten mitdünsten. Das Gemüse mit Essig, Salz und Pfeffer würzen und mit geschlossenem Deckel noch 10 bis 15 Minuten garen, dabei ab und zu umrühren.

+ Inzwischen den Lachs waschen, trocken tupfen und mit Zitronensaft beträufeln. Die Chiliflocken mit ½ TL Salz mischen. Das Öl zum Braten in einer Grillpfanne erhitzen und den Lachs darin bei mittlerer bis starker Hitze auf jeder Seite 3 bis 4 Minuten braten. Dabei nach dem Wenden mit dem Chilisalz bestreuen.

+ Zum Servieren die Peperonata mit Salz und Pfeffer abschmecken und mit dem Lachs auf Teller verteilen, nach Belieben mit Bio-Zitronenscheiben garnieren. Die Baguettescheiben – gerne auch getoastet – dazu reichen.

DIE ERNÄHRUNGS-DOCS

Omega-3-Fettsäuren aus Fischfett, speziell Eicosapentaensäure (EPA) und Docosahexaensäure (DHA), sind die besten Schutzstoffe gegen Entzündungssymptome. Denn aus ihnen werden spezielle Gewebshormone gebildet, die Entzündungen hemmen. Zugleich bremsen Omega-3-Fettsäuren Enzyme, die an der Bildung von Arachidonsäure beteiligt sind, die Entzündungen fördert.

Sommerliche Fisch-Minestrone

Urlaubsfeeling inklusive: Die leichte Gemüsesuppe mit Erbsen-Pasta, weißen Bohnen und Seelachs bringt Sie Löffel für Löffel ein Stück mehr nach Italien.

Für 2 Personen
Zubereitung: 35 Minuten

1 Zwiebel
1 Knoblauchzehe
150 g Möhren
2 Stangen Staudensellerie
200 g Brokkoli
250 g Tomaten
2 EL natives Olivenöl extra
1 EL Tomatenmark
1 TL getr. italienische Kräuter
Salz, Pfeffer aus der Mühle
¾ l glutenfreie Gemüsebrühe
50 g Grüne-Erbsen-Nudeln
(ersatzweise andere Hülsenfrüchte-Pasta)
250 g Seelachsfilet
100 g weiße Bohnen (aus der Dose)
2 EL Basilikumblätter

Nährwerte pro Portion:
ca. 500 kcal, 38 g EW, 21 g F, 33 g KH, 11 g BST, 6,3 g MUFS

+ Zwiebel und Knoblauch schälen und fein würfeln. Möhren, Sellerie und Brokkoli putzen und waschen bzw. schälen. Möhren und Sellerie schräg in etwa ½ cm dicke Scheiben schneiden, Selleriegrün beiseitelegen. Brokkoli in Röschen teilen, Stiele schälen und klein würfeln. Tomaten waschen und grob schneiden, dabei Stielansätze entfernen. Zwiebel und Knoblauch in einem Topf im Öl etwa 2 Minuten andünsten. Möhren und Sellerie 2 bis 3 Minuten mitdünsten. Tomatenmark und Kräuter dazugeben und kurz mitrösten. Salzen und pfeffern, Brühe, Tomaten und Brokkoli hinzufügen. Die Suppe aufkochen und mit geschlossenem Deckel bei mittlerer Hitze etwa 10 Minuten köcheln lassen.

+ Inzwischen die Nudeln in reichlich kochendem Salzwasser nach Packungsanweisung bissfest garen. In ein Sieb abgießen und abtropfen lassen. Den Fisch waschen, trocken tupfen und in mundgerechte Stücke schneiden, salzen und pfeffern. Die Bohnen in einem Sieb abbrausen und abtropfen lassen, mit dem Fisch zur Suppe geben und alles mit geschlossenem Deckel bei schwacher Hitze 4 bis 5 Minuten garen. Zum Servieren die Nudeln unter die Minestrone mischen, salzen und pfeffern. Die Suppe auf tiefe Teller verteilen und mit Basilikum und Selleriegrün bestreuen.

DIE ERNÄHRUNGS-DOCS

Die Minestrone ist das reinste Power-Food für unseren Darm. Denn die Ballaststoffe in Gemüse, Hülsenfrüchten und Co. dienen den Darmbakterien als „Futter“: Gute Mikroorganismen siedeln sich an und produzieren gesundheitsfördernde, antientzündliche Stoffe. Das stärkt die Abwehr im Darm und giftige Stoffwechselprodukte ungünstiger Darmbakterien gelangen nicht ins Blut.

Weißkohl-Fisch-Topf mit Kartoffeln

Wohlig-warmes Winteressen: Geschmorter Weißkohl mit Lauch, Paprika und zartem Fisch in Tomatenschmand bringt Sie auf Touren, wenn's draußen kühl wird.

Für 2 Personen
Zubereitung: 45 Minuten

350 g Weißkohl
1 Zwiebel
3 EL natives Olivenöl extra
2 EL Tomatenmark
Salz, Pfeffer aus der Mühle
1 TL getr. Majoran
400 ml glutenfreie Gemüsebrühe
300 g kleine festkochende Kartoffeln (z. B. Drillinge)
1 Stange Lauch (ca. 300 g)
1 rote Paprikaschote
350 g Kabeljaufilet
1 EL Zitronensaft
2 EL Schmand (24 % Fett)
2 EL gehackter Dill

Nährwerte pro Portion: ca. 570 kcal, 36 g EW, 26 g F, 40 g KH, 12 g BST, 4,6 g MUFS

+ Den Kohl putzen und den harten Strunk entfernen, die Blätter in etwa 3 cm große Stücke schneiden. Die Zwiebel schälen, halbieren und in Streifen schneiden. Beides in einem großen Topf in 2 EL Öl bei mittlerer Hitze etwa 5 Minuten andünsten. Das Tomatenmark etwa 2 Minuten mitdünsten. Alles mit Salz, Pfeffer und Majoran würzen. Die Brühe dazugießen, alles aufkochen und mit geschlossenem Deckel bei mittlerer Hitze etwa 30 Minuten garen.

+ Inzwischen die Kartoffeln waschen und in kochendem Salzwasser weich garen, abgießen und ausdampfen lassen. Den Lauch putzen, waschen und in etwa 1 cm dicke Scheiben schneiden. Paprika längs halbieren, putzen, waschen und in etwa 2 cm große Stücke schneiden. Beides in einer Pfanne im übrigen Öl bei mittlerer Hitze etwa 3 Minuten andünsten, nach 20 Minuten Garzeit unter den Kohl mischen.

+ Den Fisch waschen, trocken tupfen und etwa 2 cm groß würfeln, mit Zitronensaft beträufeln, salzen und pfeffern. Erst den Schmand, dann den Fisch unter das Gemüse heben. Den Eintopf mit geschlossenem Deckel bei schwacher Hitze noch etwa 6 Minuten garen. Zum Servieren abschmecken und mit Kartoffeln und Dill auf Teller verteilen.

DIE ERNÄHRUNGS-DOCS

Weißkohl ist – wie andere Vertreter der Kohlfamilie – reich an schwefelhaltigen Glucosinolaten (Senfölglykosiden). Dabei handelt es sich um eine Gruppe sekundärer Pflanzenstoffe, die stark antioxidativ und entzündungshemmend wirkt. Außerdem unterstützen Glucosinolate den Körper bzw. vor allem die Leber bei der Entgiftungsarbeit (siehe Seite 13).

Kräuterrotbarsch mit Spargel

So bunt und so gesund: Unter knusprigen Kräuterbröseln bleibt der Fisch im Ofen schön saftig. Dazu gibt es gebratenes Gemüse mit Tomaten.

Für 2 Personen
Zubereitung: 40 Minuten
Garen: 12–15 Minuten

2 EL Pinienkerne
½ Bund Petersilie
3 EL Vollkornsemmelbrösel
1 Bio-Limette
2 EL natives Olivenöl extra
Salz, Pfeffer aus der Mühle
500 g grüner Spargel
250 g bunte Cocktailtomaten (rot, gelb)
2 Rotbarschfilets (à ca. 150 g)
150 ml Gemüsebrühe
4–6 Scheiben Vollkornbaguette (ca. 100 g)

Nährwerte pro Portion:
ca. 550 kcal, 41 g EW, 24 g F, 37 g KH, 10 g BST, 6,0 g MUFS

+ Den Backofen auf 200 °C vorheizen. Die Pinienkerne in einer Pfanne ohne Fett hell rösten, herausnehmen und abkühlen lassen. Die Petersilie waschen, trocken tupfen und die Blätter abzupfen.

+ Die Semmelbrösel mit den Pinienkernen und der Hälfte der Petersilie im Blitzhacker grob zerkleinern. Die Limette heiß waschen, abtrocknen und halbieren. Eine Limettenhälfte in Spalten schneiden und beiseitelegen, von der anderen Hälfte die Schale dünn abreiben, 1 EL Saft auspressen. Limettenschale und -saft mit 1 EL Öl zum Brösel-Mix geben, salzen und pfeffern.

+ Den Spargel waschen, im unteren Drittel schälen und die holzigen Enden abschneiden. Den Spargel schräg in etwa 5 cm lange Stücke schneiden. Die Tomaten waschen und halbieren. Den Fisch waschen, trocken tupfen, salzen und pfeffern. Die Filets nebeneinander in eine kleine Auflaufform (ca. 15 × 20 cm) legen, den Brösel-Mix darauf verteilen und gut andrücken. 75 ml Brühe dazugießen und den Fisch im Ofen auf der mittleren Schiene 12 bis 15 Minuten garen.

+ Inzwischen den Spargel in einer großen Pfanne im restlichen Öl bei mittlerer Hitze 7 bis 8 Minuten anbraten. Die Tomaten dazugeben und etwa 1 Minute mitgaren. Die übrige Brühe dazugießen, alles salzen und pfeffern.

+ Zum Servieren die restliche Petersilie fein hacken. Den gratinierten Fisch aus dem Ofen nehmen und mit Spargel und Tomaten auf Teller verteilen. Alles mit Petersilie und Limettenspalten garnieren, das Baguette dazu reichen.

Kohlrabigratin mit Garnelen

Ein Ofenliebling in neuem Gewand: Garnelen und eine raffinierte Zitronen-Mandel-Kruste veredeln hier das gute alte Kartoffel-Kohlrabi-Gratin.

Für 2 Personen
Zubereitung: 20 Minuten
Garen: 25–30 Minuten

Butter für die Form
1 Kohlrabi (ca. 300 g)
300 g festkochende Kartoffeln
Salz
1 Ei (Größe L)
150 ml Milch (1,5 % Fett)
Pfeffer aus der Mühle
frisch geriebene Muskatnuss
250 g geschälte, rohe Garnelen (frisch oder tiefgekühlt und aufgetaut)
½ Bio-Zitrone
30 g Vollkornsemmelbrösel
20 g gemahlene geschälte Mandeln
1 EL gehackte Petersilie
2 TL weiche Butter

Nährwerte pro Portion: ca. 455 kcal, 38 g EW, 16 g F, 35 g KH, 5 g BST, 2,7 g MUFS

+ Den Backofen auf 200 °C vorheizen. Eine Auflaufform (ca. 25 × 18 cm) mit Butter einfetten.

+ Den Kohlrabi putzen, schälen, vierteln und in dünne Scheiben schneiden. Die Kartoffeln waschen, schälen und ebenfalls in dünne Scheiben schneiden. Beides in kochendem Salzwasser etwa 5 Minuten vorgaren, in ein Sieb abgießen und abtropfen lassen. Ei und Milch verquirlen, mit Salz, Pfeffer und etwas Muskatnuss würzen. Kohlrabi- und Kartoffelscheiben dachziegelartig in die Form schichten und die Eiermilch darübergießen. Das Gratin im Ofen auf der mittleren Schiene etwa 15 Minuten garen.

+ Inzwischen die Garnelen waschen und trocken tupfen. Die Zitrone heiß waschen, abtrocknen und 1 TL Schale fein abreiben, 2 TL Zitronensaft auspressen und über die Garnelen träufeln. Semmelbrösel, Mandeln, Zitronenschale, Petersilie und die weiche Butter zu Bröseln mischen.

+ Das Gratin aus dem Ofen nehmen und Garnelen und Zitronen-Mandel-Brösel darauf verteilen. Alles im Ofen noch 10 bis 15 Minuten goldbraun backen. Das Gratin herausnehmen und sofort servieren, dazu schmeckt ein Salat.

DIE ERNÄHRUNGS-DOCS

Meeresfrüchte und Fisch sind Top-Quellen für Taurin. Dieses Protein ist wichtig für die Ausschüttung von Insulin aus der Bauchspeicheldrüse und für die Insulinreaktion der Zellen – beides hilft, den Zuckerstoffwechsel gesund zu erhalten. Studien haben gezeigt, dass Menschen mit Insulinresistenz, Fettleber oder Typ-2-Diabetes von einer erhöhten Taurinzufuhr profitieren.

Chicken-Nuggets mit Rahmkürbis

Das hat das Zeug zum Sonntagsessen: Saftige Hähnchenfiletstücke im Knuspermantel werden von einem Rahmgemüse aus Kürbis und Pilzen begleitet.

Für 2 Personen
Zubereitung: 35 Minuten

250 g Hähnchenbrustfilet
1 Ei (Größe M)
Salz, Pfeffer aus der Mühle
2 EL Dinkelvollkornmehl
60 g Mandelblättchen
400 g Butternusskürbis
100 g braune Champignons
4 Frühlingszwiebeln
1 Knoblauchzehe
1 EL natives Olivenöl extra
1 TL abgeriebene Bio-Zitronenschale
150 ml Gemüsebrühe
2 EL Rapsöl zum Braten
2 EL Schmand (24 % Fett)
2 EL gehackte Petersilie

Nährwerte pro Portion: ca. 690 kcal, 46 g EW, 44 g F, 22 g KH, 10 g BST, 8,4 g MUFS

+ Das Fleisch waschen, trocken tupfen und in mundgerechte Stücke schneiden. Das Ei mit Salz und Pfeffer in einem tiefen Teller verquirlen. Das Mehl und die Mandelblättchen jeweils in tiefe Teller geben. Die Hähnchenstücke erst im Mehl wenden, dann durch das verquirlte Ei ziehen und zuletzt mit den Mandelblättchen panieren.

+ Den Kürbis schälen, entkernen und etwa 1 ½ cm groß würfeln. Die Pilze putzen, falls nötig, trocken abreiben und halbieren oder vierteln. Die Frühlingszwiebeln putzen, waschen und schräg in 2 bis 3 cm breite Stücke schneiden. Den Knoblauch schälen und fein würfeln. Alles in einem großen Topf im Olivenöl bei mittlerer Hitze 2 bis 3 Minuten anbraten. Zitronenschale und Brühe dazugeben und alles mit geschlossenem Deckel noch 6 bis 8 Minuten dünsten.

+ Inzwischen die Nuggets in einer großen beschichteten Pfanne im Rapsöl bei mittlerer bis starker Hitze auf jeder Seite 4 bis 5 Minuten goldbraun braten. Herausnehmen und auf Küchenpapier abtropfen lassen. Zum Servieren den Kürbis-Mix kräftig salzen und pfeffern und den Schmand unterziehen. Die Nuggets und das Gemüse auf Teller verteilen und mit der Petersilie bestreuen.

DIE ERNÄHRUNGS-DOCS

Butternusskürbis ist der perfekte Schlankmacher: viele Ballaststoffe, reichlich Wasser, viel Kalium, aber kaum Kalorien. So sorgt das gelbe Gemüse für eine rege Verdauung, fördert den Fettstoffwechsel und reguliert den Flüssigkeitshaushalt des Körpers. Darüber hinaus liefert Kürbis ein Nährstoffpaket aus Vitamin C, Magnesium, Eisen und jeder Menge Beta-Carotin.

Grüner Gemüse-Wok mit Hähnchen

Asien lässt grüßen: Spargel, Zuckerschoten und Edamame geben hier den Ton an. Dazu gesellen sich stilecht Ingwer, Sambal oelek, Sesam und Sojasauce.

Für 2 Personen
Zubereitung: 35 Minuten

250 g grüner Spargel
150 g Zuckerschoten
150 g Edamamekerne (junge, grüne Sojabohnen; frisch oder tiefgekühlt)
Salz
4 Frühlingszwiebeln
2 Knoblauchzehen
20 g Ingwer
200 g Hähnchenbrustfilet
2 EL helles Sesamöl
2 EL Kokosraspel
2 EL ungeschälter Sesam
2–3 EL glutenfreie Sojasauce (z. B. Tamari)
4 EL Limettensaft
1 TL Sambal oelek

Nährwerte pro Portion: ca. 550 kcal, 41 g EW, 26 g F, 29 g KH, 14 g BST, 9 g MUFS

+ Den Spargel waschen, im unteren Drittel schälen und holzige Enden abschneiden, die Stangen schräg in etwa 4 cm breite Stücke schneiden. Die Zuckerschoten waschen und putzen, größere Exemplare schräg halbieren. Spargel und Edamame in kochendem Salzwasser etwa 5 Minuten garen, nach 3 Minuten Garzeit die Zuckerschoten dazugeben. Alles in ein Sieb abgießen, kalt abschrecken und abtropfen lassen, dabei 100 ml Kochwasser auffangen. Die Frühlingszwiebeln putzen, waschen und in dünne Ringe schneiden. Knoblauch und Ingwer schälen und fein würfeln.

+ Das Fleisch waschen, trocken tupfen und in dünne Streifen schneiden. Im Wok in 1 EL Öl bei mittlerer bis starker Hitze etwa 5 Minuten unter Wenden braten. Herausnehmen und beiseitestellen. Frühlingszwiebeln, Knoblauch und Ingwer im übrigen Öl 1 bis 2 Minuten anbraten. Kokosraspel, Sesam und Gemüse-Mix etwa 2 Minuten mitbraten.

+ Die Sojasauce mit Gemüsekochwasser, Limettensaft und Sambal oelek mischen, zum Gemüse geben und alles 2 bis 3 Minuten einkochen lassen. Zum Servieren das Fleisch untermischen und alles noch 1 Minute erhitzen, dann auf Teller verteilen. Dazu passt pro Portion 50 g (roh) Quinoa.

DIE ERNÄHRUNGS-DOCS

Idealerweise sollten Sie 20 bis 30 Gramm Eiweiß mit jeder Mahlzeit aufnehmen – am besten kombiniert aus tierischen und pflanzlichen Quellen wie hier. Das magere Hähnchenfilet liefert hochwertiges Eiweiß, Vitamin B_{12} und B_1, Zink und Eisen. Eiweißreiche Hülsenfrüchte, Gemüse und Nüsse können zusätzlich mit Ballast- und sekundären Pflanzenstoffen punkten.

Sesamschnitzel mit Asia-Gemüse

In der Pfanne rührt sich was ... und schon stehen scharf-würziges Putenfleisch und knackiges Asia-Gemüse auf dem Tisch. Dazu gibt es Reis und Sesamknusper.

Für 2 Personen
Zubereitung: 30 Minuten
Marinieren: 30 Minuten

4 EL glutenfreie Sojasauce (z. B. Tamari)
1 ½ EL Tomatenmark
1–2 TL Sambal oelek
3 EL helles Sesamöl
2 Putenschnitzel (à ca. 180 g)
1 große rote Paprikaschote
100 g Shiitake-Pilze
300 g junger Pak Choi
10 g Ingwer
100 g Vollkorn-Basmatireis
Salz
2 EL ungeschälter Sesam

Nährwerte pro Portion: ca. 670 kcal, 56 g EW, 25 g F, 52 g KH, 8 g BST, 10,4 g MUFS

+ Die Sojasauce mit Tomatenmark, 1 TL Sambal oelek und 2 EL Öl verrühren. Das Fleisch waschen, trocken tupfen und quer halbieren. 3 EL Marinade beiseitestellen, mit dem Rest das Fleisch bestreichen und etwa 30 Minuten marinieren.

+ Inzwischen die Paprika längs vierteln, putzen, waschen und quer in Streifen schneiden. Shiitake putzen und, falls nötig, trocken abreiben, größere Pilze halbieren. Pak Choi putzen, waschen, längs halbieren oder vierteln und in grobe Stücke schneiden. Ingwer schälen und fein würfeln.

+ Den Reis in einem Sieb abspülen, in einem Topf in Salzwasser nach Packungsanweisung mit geschlossenem Deckel bei schwacher Hitze bissfest garen. Den Sesam in einer Pfanne ohne Fett bei mittlerer Hitze hell rösten, herausnehmen und abkühlen lassen.

+ Das marinierte Fleisch in einer großen Pfanne bei mittlerer bis starker Hitze auf jeder Seite 1 bis 2 Minuten anbraten, herausnehmen und beiseitestellen. Die Pfanne mit Küchenpapier säubern und Paprika, Pilze, Pak Choi und Ingwer im übrigen Öl bei starker Hitze etwa 3 Minuten unter Rühren anbraten. Mit der beiseitegestellten Marinade und 150 ml Wasser ablöschen und alles mit geschlossenem Deckel bei mittlerer Hitze etwa 5 Minuten köcheln lassen. Zuletzt mit Salz und übrigem Samal oelek abschmecken.

+ Zum Servieren das Fleisch unter das Asia-Gemüse mischen und alles noch etwa 5 Minuten ziehen lassen. Den Reis auflockern, mit Fleisch und Gemüse auf Teller verteilen und mit dem Sesam bestreuen.

Paprikasteaks mit Ofengemüse

Mit buntem Gemüse und Kartoffeln wird aus saftigen Rindersteaks ein echtes Wohlfühlessen. Wenn die ganze Familie mitisst, einfach die Mengen verdoppeln.

Für 2 Personen
Zubereitung: 50 Minuten
Garen: 30 Minuten

300 g Blumenkohl (ohne grüne Blätter)
200 g Möhren
1 rote Paprikaschote
250 g kleine festkochende Kartoffeln (z. B. Drillinge)
2 Zweige Rosmarin
je ½ TL edelsüßes und rosenscharfes Paprikapulver
2 EL Zitronensaft
Salz, Pfeffer aus der Mühle
4 EL Olivenöl zum Braten
2 Rinderhüftsteaks (à ca. 150 g)
30 g geräucherte Mandeln
3 EL gehackte Petersilie

Nährwerte pro Portion: ca. 680 kcal, 44 g EW, 39 g F, 33 g KH, 12 g BST, 4,5 g MUFS

+ Den Backofen auf 220 °C vorheizen. Den Blumenkohl putzen, waschen und in Röschen teilen. Die Möhren putzen, schälen und schräg in etwa 2 cm breite Stücke schneiden. Die Paprika längs halbieren, putzen, waschen und in etwa 2 cm große Stücke schneiden. Die Kartoffeln gründlich waschen und längs halbieren oder vierteln.

+ Den Rosmarin waschen, trocken tupfen, die Nadeln abzupfen und fein hacken. Dann mit beiden Paprikapulvern, Zitronensaft, Salz, Pfeffer und 3 EL Öl verrühren. Das ganze Gemüse mit der Hälfte des Würzöls mischen, auf einem Backblech verteilen und im Ofen auf der mittleren Schiene etwa 25 Minuten garen, dabei zwischendurch wenden.

+ Inzwischen die Steaks quer halbieren und in einer Pfanne im übrigen Öl bei starker Hitze auf jeder Seite etwa 1 Minute anbraten. Herausnehmen und mit dem übrigen Würzöl bestreichen. Die Steaks zum Gemüse auf das Blech setzen und alles im Ofen noch 5 Minuten garen.

+ Währenddessen die Mandeln grob hacken. Das Fleisch und das Gemüse aus dem Ofen nehmen und auf Teller verteilen, mit Mandeln und Petersilie bestreut servieren.

DIE ERNÄHRUNGS-DOCS

Auch wenn man rotes Fleisch wie Rind oder Lamm nur in Maßen genießen sollte, gehört es doch zu den Top-Lieferanten für L-Carnitin. Diese Proteinverbindung braucht unser Körper, um Fettsäuren zu den Mitochondrien, den Kraftwerken der Zellen, zu transportieren und dort in Energie umzuwandeln. Ob Carnitin zu einer höheren Fettverbrennung führt, ist noch nicht erwiesen.

Fermentiertes Gemüse

Vergären Sie Kohl, Möhren, Rote Beten und Co., dass es nur so blubbert. Denn fermentiertes Gemüse unterstützt dank seiner Milchsäurebakterien die Verdauung, stärkt das Immunsystem und verbessert die Insulinreaktion.

GEMÜSE FERMENTIEREN – BASISREZEPT

Für 1 Einmachglas (ca. 1 l Inhalt): **1 kg frisches Gemüse (z. B. Chinakohl, Kohlrabi, Möhren, Radieschen, Rettich, Rote Bete, Weißkohl)** je nach Sorte putzen und waschen bzw. schälen. Dann in feine Streifen oder Scheiben hobeln bzw. schneiden. Pro 100 g geputztes Gemüse **2 g Salz** hinzufügen und alles in einer Schüssel gut mischen. Nach Belieben noch **Gewürze (z. B. Chilischoten, Ingwer, Knoblauch, Lorbeerblatt, Koriander- oder Pfefferkörner)** dazugeben und alles etwa 20 Minuten ziehen lassen.

Anschließend den Saft mit den Händen aus dem Gemüse drücken. Sobald das Gemüse schlaff und saftig ist, samt Salzlake etwa zwei Drittel hoch in ein Einmachglas schichten, dabei mit einem Holzstößel fest ins Glas drücken. Das Gemüse mit einem Gewicht (z. B. sauberen Steinen oder Murmeln in Frischhaltefolie) beschweren, sodass es vollständig mit Salzlake bedeckt ist. Falls nötig, noch mit Wasser auffüllen. Den Deckel locker darauflegen, sodass Gärgase entweichen können. Das Gemüse im Dunklen bei Raumtemperatur (18–20 °C) 2 bis 3 Tage ruhen lassen. Sobald Bläschen im Glas aufsteigen, beginnt die Fermentation. Je nach Sorte und Geschmacksvorliebe dauert diese 5 Tage bis mehrere Wochen.

Danach das Glas fest verschließen und das fermentierte Gemüse im Kühlschrank noch etwa 2 Wochen reifen lassen. Nach und nach verbrauchen. Nach dem Öffnen hält es sich 4 bis 5 Wochen. Sie können es in kleinen Mengen pur essen, als Zutat für Eintöpfe und Suppen verwenden oder als Beilage zu Asia-Gerichten servieren.

Nährwerte pro Portion (bei 4 Portionen): 60 kcal, 2 g EW, 0,5 g F, 8 g KH, 5 g BST, 0 g MUFS

INGWERMÖHREN

Für 2 Gläser (à ca. ¼ l Inhalt): **400 g Möhren** und **40 g Ingwer** putzen, schälen und auf der Gemüsereibe fein raspeln. Dann mit **1½ TL Salz (7 g)** mischen, wie beschrieben weiterverarbeiten und 5 Tage fermentieren lassen. Im Kühlschrank aufbewahren und noch 1 Woche reifen lassen. Nach dem Öffnen 2 bis 3 Tage haltbar.

Nährwerte pro Portion (bei 4 Portionen):
50 kcal, 2 g EW, 0,5 g F, 7 g KH, 4 g BST, 0 g MUFS

SCHARFES SAUERKRAUT

Für 1 Glas (ca. 1 l Inhalt): **500 g Weißkohl, 1 rote Paprikaschote** und **2 Frühlingszwiebeln** putzen, waschen und in Streifen schneiden. **Je 1 Knoblauchzehe und rote Chilischote** würfeln. Alles mit **3 TL Salz** und **1 TL Chiliflocken (Pul Biber)** mischen, wie beschrieben verarbeiten und 1 Woche fermentieren lassen. Im Kühlschrank 2 Wochen reifen lassen. Nach dem Öffnen 4 bis 5 Wochen haltbar.

Nährwerte pro Portion (bei 4 Portionen):
40 kcal, 1 g EW, 0 g F, 6 g KH, 3 g BST, 0 g MUFS

ROTE BETE MIT APFEL

Für 1 Glas (ca. ¾ l Inhalt): **4 kleine Rote Beten (ca. 400 g)** und **10 g Meerrettichwurzel** putzen, schälen und auf der Gemüsereibe in dünne Scheiben hobeln. **1 Apfel** waschen, vierteln, entkernen und quer in dünne Scheiben schneiden. Alles in einer Schüssel mit **2 TL Salz (10 g), 1 Lorbeerblatt** und **1 TL schwarzen Pfefferkörnern** mischen. Wie beschrieben weiterverarbeiten und 5 Tage fermentieren lassen. Im Kühlschrank aufbewahren. Hält sich nach dem Öffnen 3 bis 4 Wochen.

Nährwerte pro Portion (bei 4 Portionen):
65 kcal, 1 g EW, 0 g F, 13 g KH, 3 g BST, 0 g MUFS

Low-Carb-Gerichte

Die gute Nachricht: Unsere Low-Carb-Rezepte sorgen abends für genussvolle Abwechslung auf dem Teller. Und es kommt noch besser: Salate, Gemüsegerichte, Suppen und Co. liefern viel Eiweiß und gesunde Fette – und sorgen dafür, dass Sie sich rundum wohlfühlen. Denn während Sie schlafen, gibt Ihr Körper alles und schaltet in den nächtlichen Fatburner-Modus um. Und das macht sich auch beim Bauchumfang bemerkbar.

Avocadosalat mit Kichererbsen

Avocado, Romanasalat und Erdbeeren bekommen durch Feta, Minze und Harissa eine orientalische Note. Das i-Tüpfelchen: kross geröstete Würzkichererbsen.

Für 2 Personen
Zubereitung: 30 Minuten

100 g Kichererbsen (aus der Dose)
1 TL edelsüßes Paprikapulver
½ TL Chiliflocken (Pul Biber)
Salz, Pfeffer aus der Mühle
3 EL natives Olivenöl extra
2 EL glutenfreier Balsamico bianco
1 TL Harissa-Paste
3 Stiele Minze
150 g Erdbeeren
1 Mini-Römersalat
1 Avocado
100 g Schafskäse light
(mind. 20 % Fett i. Tr.)

Nährwerte pro Portion:
ca. 460 kcal, 12 g EW, 37 g F, 14 g KH, 7 g BST, 3,5 g MUFS

+ Die Kichererbsen in einem Sieb abbrausen und abtropfen lassen. Dann mit Paprikapulver, Chiliflocken, Salz und Pfeffer mischen. In einer kleinen Pfanne 1 EL Öl erhitzen und die gewürzten Kichererbsen darin bei mittlerer Hitze 6 bis 7 Minuten unter Wenden rundum rösten. Herausnehmen und auf Küchenpapier abtropfen lassen.

+ Für die Vinaigrette den Essig mit 2 EL Wasser, Harissa-Paste, Salz, Pfeffer und übrigem Öl gründlich verrühren. Die Minze waschen, trocken tupfen und die Blätter abzupfen. Ein Drittel zum Garnieren beiseitelegen, den Rest fein hacken und unter die Vinaigrette mischen.

+ Die Erdbeeren waschen, putzen und je nach Größe halbieren oder vierteln. Den Salat putzen, waschen, trocken schleudern und in mundgerechte Stücke zupfen. Die Avocado halbieren und den Kern entfernen, das Fruchtfleisch aus den Schalen lösen und quer in Scheiben schneiden.

+ Zum Servieren Erdbeeren, Salat und Avocado auf Teller verteilen und mit der Harissa-Vinaigrette beträufeln. Den Feta grob zerbröckeln und darüberstreuen. Zuletzt alles mit Kichererbsen und beiseitegelegter Minze bestreuen.

DIE ERNÄHRUNGS-DOCS

Avocados sollten regelmäßig verzehrt werden. Sie versorgen uns mit Nährstoffen und ungesättigten Fettsäuren und fördern die Aufnahme fettlöslicher Vitamine. Zudem wirkt sich laut einer Studie der Universität Illinois eine Avocado pro Tag bei Frauen positiv auf die Körperfettverteilung aus: Demnach verringerte sich innerhalb von 12 Wochen bei ihnen das viszerale Bauchfett.

Papaya-Gurken-Salat mit Tofu-Sticks

Gurke, Papaya und Sprossen sind die „Hauptdarsteller" in diesem würzigen Asia-Salat. Gebratene Tofu-Stäbchen werten ihn mit Pflanzenprotein auf.

Für 2 Personen
Zubereitung: 30 Minuten

1 Salatgurke
300 g Papaya
100 g gemischte Sprossen (z. B. Erbsen- und Alfalfasprossen)
2 EL glutenfreier heller Reisessig (ersatzweise Apfelessig)
1 EL scharfe Chilisauce
Salz, Pfeffer aus der Mühle
3 EL kalt gepresstes Rapsöl
300 g Tofu natur
2 EL glutenfreie Sojasauce (z. B. Tamari)
2 EL ungeschälter Sesam
4 Stiele Koriandergrün

Nährwerte pro Portion:
ca. 460 kcal, 12 g EW, 37 g F, 14 g KH, 7 g BST, 3,5 g MUFS

+ Die Gurke putzen, waschen und streifig schälen. Dann längs halbieren, entkernen und die Hälften in etwa 1 cm große Würfel schneiden. Die Papaya eventuell halbieren, entkernen, schälen und das Fruchtfleisch ebenfalls würfeln. Die Sprossen in einem Sieb abbrausen und abtropfen lassen. Für die Vinaigrette den Essig mit Chilisauce, Salz, Pfeffer und 2 EL Öl verrühren.

+ Den Tofu trocken tupfen und in Stifte (ca. 1 × 6 cm) schneiden. Sojasauce und Sesam jeweils in tiefe Teller geben. Die Sticks erst in der Sojasauce wenden, dann im Sesam wälzen. Das restliche Öl in einer großen beschichteten Pfanne erhitzen und die Tofu-Sticks darin bei mittlerer Hitze 4 bis 5 Minuten rundum goldbraun braten. Dabei nach der Hälfte der Bratzeit die übrige Sojasauce vom Wenden dazugießen und sirupartig einkochen lassen.

+ Inzwischen das Koriandergrün waschen, trocken tupfen und die Blätter abzupfen. Die Gurken- und Papayawürfel mit den Sprossen und der Vinaigrette mischen, den Salat leicht salzen und pfeffern. Zum Servieren den Salat mit den Tofu-Sticks auf Teller verteilen und mit dem Koriander bestreuen.

DIE ERNÄHRUNGS-DOCS

Wer abnehmen möchte, sollte öfter zu Papayas greifen. Ihr Geheimnis: Sie enthalten kaum Fruchtzucker und gehören mit nur 35 Kalorien und 7 Gramm Kohlenhydraten pro 100 Gramm zu den kalorienarmen Obstsorten (siehe Seite 19). Auch ihr Enzym Papain ist gut für die schlanke Linie: Es hilft dabei, Eiweiß zu verdauen und die Fettverbrennung zu beschleunigen.

Blattsalat mit Roter Bete und Birne

Blattsalate, Möhre, Rote Bete, Birne und Hanfsamen – das ist der perfekte Mix für einen Fitness-Salat. Ideal dazu: das „schlanke" Buttermilch-Dressing.

Für 2 Personen
Zubereitung: 25 Minuten

200 ml reine Buttermilch (1 % Fett)
2 EL glutenfreier Apfel-Aceto-balsamico (ersatzweise Balsamico bianco)
Salz, Pfeffer aus der Mühle
4 EL natives Olivenöl extra
4 Stiele Petersilie
6 Stiele Schnittlauch
1 Möhre (ca. 120 g)
150 g gemischte Blattsalate (z. B. Feldsalat, Frisée, Radicchio)
200 g Rote Bete (vorgegart und vakuumiert)
1 kleine Birne (z. B. Gute Luise)
1 Handvoll Radieschensprossen
2 EL geschälte Hanfsamen

Nährwerte pro Portion: ca. 405 kcal, 9 g EW, 26 g F, 29 g KH, 8 g BST, 5,8 g MUFS

+ Für das Dressing die Buttermilch mit Essig, Salz, Pfeffer und Öl in einer Salatschüssel verrühren. Petersilie und Schnittlauch waschen und trocken schütteln, die Petersilienblätter abzupfen und fein hacken, den Schnittlauch in feine Röllchen schneiden. Die Kräuter zum Dressing geben.

+ Die Möhre putzen, schälen und auf der Gemüsereibe grob raspeln. Die Salate putzen, waschen, trocken schleudern und in mundgerechte Stücke zupfen. Die Rote Bete in etwa 1 cm große Würfel schneiden (Achtung, die Knollen färben stark ab!). Die Birne waschen, vierteln, entkernen und in dünne Scheiben schneiden.

+ Zum Servieren Möhrenraspel, Salate, Rote Bete und Birnenscheiben in der Salatschüssel mit dem Dressing mischen. Die Sprossen in einem Sieb abbrausen und gut abtropfen lassen. Den Salat auf Teller verteilen und mit Hanfsamen und Sprossen bestreuen.

TIPP:
Verwenden Sie „reine" Buttermilch, hierbei handelt es sich um das naturbelassene Produkt. Hersteller dürfen sonst bis zu zehn Prozent Wasser und auch Magermilch zusetzen.

DIE ERNÄHRUNGS-DOCS
Die in Roten Beten enthaltenen Ballast- und Nährstoffe beeinflussen den Stoffwechsel positiv: Kalium wirkt beispielsweise entwässernd, Magnesium kann einen abführenden Effekt haben. Insgesamt bringen die Beten die Verdauung in Schwung, entgiften die Zellen und kurbeln die Fettverbrennung an. Und: Der Blutzuckerspiegel bleibt stabil, was Heißhungerattacken vorbeugt.

Harzer auf Apfel-Spitzkohl-Salat

Geschmacklich vielleicht nicht jedermanns Sache, in puncto Nährwerte aber unschlagbar: Harzer Käse sorgt bei diesem Salat für den „Schlankmacher-Faktor".

Für 2 Personen
Zubereitung: 25 Minuten
Ziehen: 30 Minuten

6 EL glutenfreier Weißweinessig
Salz, Pfeffer aus der Mühle
2 TL ganzer Kümmel
2 EL kalt gepresstes Rapsöl
200 g Harzer Käse bzw. Roller
2 rote Zwiebeln
2 EL Zitronensaft
3 EL natives Olivenöl extra
½ Spitzkohl (ca. 350 g)
1 kleiner säuerlicher Apfel (z. B. Elstar)
½ Bund Petersilie

Nährwerte pro Portion:
ca. 480 kcal, 35 g EW, 27 g F, 19 g KH, 7 g BST, 4,3 g MUFS

+ Für die Vinaigrette Essig, 2 EL Wasser, Salz, Pfeffer und Kümmel verrühren und das Rapsöl gründlich unterschlagen. Den Harzer Käse quer in etwa ½ cm dicke Scheiben schneiden. Die Zwiebeln schälen und in dünne Ringe schneiden. Käse und Zwiebeln mit der Vinaigrette in einer flachen Schüssel mischen und etwa 30 Minuten ziehen lassen.

+ Inzwischen Zitronensaft, 2 EL Wasser, Salz, Pfeffer und Olivenöl in einer Salatschüssel verrühren. Vom Spitzkohl die äußeren Blätter entfernen, den Kohl längs halbieren, den harten Strunk entfernen und den Kohl in dünne Streifen schneiden. Die Kohlstreifen mit ¼ TL Salz würzen und mit den Händen 1 bis 2 Minuten kräftig kneten.

+ Den Apfel waschen, vierteln, entkernen und in feine Streifen schneiden. Die Petersilie waschen, trocken tupfen und die Blätter abzupfen. Einige zum Garnieren beiseitelegen, den Rest fein hacken.

+ Zum Servieren Spitzkohl, Apfelstreifen und Petersilie in die Salatschüssel geben, alles mischen, salzen und pfeffern. Den Salat mit Harzer Käse, Zwiebelringen und Marinade auf Teller verteilen und mit beiseitegelegter Petersilie garnieren.

DIE ERNÄHRUNGS-DOCS

Harzer Käse ist ein echter Schlankmacher: In 100 Gramm stecken weniger als 1 Gramm Fett und etwa 27 Gramm Eiweiß. Damit ist Harzer Käse die proteinreichste Käsesorte. Wie wichtig es ist, täglich die optimale Menge Eiweiß aufzunehmen, beweist seine Wirkung im Stoffwechsel: Eiweiß macht lange satt und senkt den Süßhunger (siehe Seite 28).

Spargelsalat mit Blumenkohl

Das könnte Ihr neuer Sommerabend-Liebling werden: Grüner Spargel und Blumenkohl in Kerbeljoghurt treffen auf feine Beluga-Linsen in Senf-Vinaigrette.

Für 2 Personen
Zubereitung: 45 Minuten

1 Schalotte
1 Knoblauchzehe
2 EL natives Olivenöl extra
50 g Beluga-Linsen
400 g grüner Spargel
Salz, Pfeffer aus der Mühle
250 g Blumenkohl
2 EL glutenfreier Balsamico bianco
1 TL glutenfreier mittelscharfer Senf
2 EL kalt gepresstes Hanföl
½ Bund Kerbel
150 g Joghurt (1,5 % Fett)

Nährwerte pro Portion:
ca. 370 kcal, 15 g EW, 22 g F, 23 g KH, 10 g BST, 8,9 g MUFS

+ Schalotte und Knoblauch schälen, fein würfeln und in einem kleinen Topf in 1 EL Olivenöl bei mittlerer Hitze 2 bis 3 Minuten dünsten. Die Linsen in einem Sieb abbrausen und abtropfen lassen, dann unter den Knoblauch-Mix rühren und 150 ml Wasser dazugießen. Alles mit geschlossenem Deckel bei schwacher Hitze 20 bis 25 Minuten garen. Anschließend in ein Sieb abgießen und abtropfen lassen.

+ Spargel waschen und im unteren Drittel schälen, holzige Enden abschneiden. Stangen längs halbieren und schräg in 3 cm lange Stücke schneiden. In einer Pfanne im übrigen Öl bei mittlerer Hitze 3 bis 4 Minuten braten, salzen und pfeffern. Blumenkohl putzen, waschen und in Röschen teilen. In kochendem Salzwasser 5 bis 6 Minuten bissfest garen. In ein Sieb abgießen, kalt abschrecken und abtropfen lassen.

+ Den Essig mit 3 EL Wasser, Senf, Salz, Pfeffer und Hanföl in einer Salatschüssel verrühren, lauwarme Linsen, Spargel und Blumenkohl untermischen. Kerbel waschen, trocken tupfen und Blätter abzupfen. Einige zum Garnieren beiseitestellen, den Rest fein hacken und mit dem Joghurt cremig verrühren. Salat auf Teller verteilen, mit dem Kerbeljoghurt beträufeln und mit beiseitegelegtem Kerbel garnieren.

DIE ERNÄHRUNGS-DOCS

Grüner Spargel wächst über der Erde und bildet mithilfe von Sonnenlicht viel Chlorophyll. Der grüne Farbstoff hat einen positiven Einfluss auf die Fettverbrennung und fördert die Ausschwemmung von Giftstoffen aus dem Körper. Darüber hinaus unterstützt Chlorophyll die Reinigung der Leber, die dann Fettzellen schneller beseitigen kann.

Gebratene Zoodles mit Rucola

Leichter Genuss, Italien-Feeling inklusive: Für gebratene Gemüsenudeln gibt es keine besseren Partner als Rucola, Tomaten und Mozzarella. Buonissimo!

Für 2 Personen
Zubereitung: 30 Minuten

30 g Pinienkerne
2 Möhren
1 Zucchini (ca. 150 g)
200 g Cocktailtomaten
1 Knoblauchzehe
3 Zweige Thymian
3 Stiele Petersilie
2 EL natives Olivenöl extra
Salz, Pfeffer aus der Mühle
2 EL glutenfreier Aceto balsamico
50 g Rucola
100 g Mini-Mozzarellakugeln light (mind. 20 % Fett i. Tr.)

Nährwerte pro Portion:
ca. 310 kcal, 13 g EW, 21 g F, 14 g KH, 6 g BST, 4,7 g MUFS

+ Die Pinienkerne in einer Pfanne ohne Fett bei mittlerer Hitze hell rösten. Herausnehmen und abkühlen lassen.

+ Inzwischen die Möhren und Zucchini putzen und waschen bzw. schälen und mit dem Spiralschneider getrennt in dünne nudelähnliche Streifen schneiden. Die Tomaten waschen und halbieren. Den Knoblauch schälen und fein würfeln. Thymian und Petersilie waschen, trocken tupfen, die Blätter abzupfen und getrennt fein hacken.

+ Das Öl in einer großen beschichteten Pfanne erhitzen und erst die Möhrennudeln darin bei mittlerer Hitze etwa 2 Minuten anbraten. Zucchini, Tomaten und Knoblauch dazugeben, mit Salz und Pfeffer würzen und etwa 2 Minuten mitbraten. Zuletzt Thymian und Essig hinzufügen und untermischen. Die Zoodles vom Herd nehmen.

+ Den Rucola verlesen, waschen und trocken schleudern, dabei grobe Stiele entfernen. Den Mozzarella abtropfen lassen. Zum Servieren die Zoodles mit Rucola und Mozzarella in einer Salatschüssel vorsichtig mischen und auf Teller verteilen. Mit Pinienkernen und Petersilie bestreuen.

DIE ERNÄHRUNGS-DOCS

Scharfe Senföle und Bitterstoffe verleihen dem Rucola seinen würzig-herben Geschmack. Wir können gesundheitlich von ihnen profitieren, weil sie die Produktion der Verdauungssäfte anregen. Das erleichtert unserem Stoffwechsel die Fettverbrennung und wir werden schneller satt. Ein weiteres Plus: Bitterstoffe können unsere Lust auf Süßes hemmen (siehe Seite 26).

Weißer Spargel mit Avocadocreme

Gesundes Traumpaar: Während der Spargel in würziger Estragon-Tomaten-Vinaigrette mariniert, wird die Avocado mit Joghurt und Limette cremig püriert.

Für 2 Personen
Zubereitung: 20 Minuten
Ziehen: 20 Minuten

600 g weißer Spargel
Salz
30 g getr. Tomaten (in Öl)
1 Stiel Estragon
2 Frühlingszwiebeln
2 EL glutenfreier Weißweinessig
Pfeffer aus der Mühle
2 EL natives Olivenöl extra
½ Bio-Limette
1 Avocado
100 g griech. Joghurt (0,2 % Fett)
Chiliflocken (Pul Biber)

Nährwerte pro Portion: ca. 290 kcal, 8 g EW, 20 g F, 15 g KH, 8 g BST, 2,5 g MUFS

+ Den Spargel waschen und schälen, holzige Enden abschneiden. Die Stangen in kochendem Salzwasser mit geschlossenem Deckel bei mittlerer Hitze 5 bis 8 Minuten bissfest garen. Herausnehmen, kalt abschrecken und abtropfen lassen, dabei 100 ml Spargelkochwasser abnehmen.

+ Währenddessen die Tomaten abtropfen lassen und fein hacken. Estragon waschen, trocken tupfen, Blätter abzupfen und fein hacken. Frühlingszwiebeln putzen, waschen und in dünne Ringe schneiden. Alles mit Essig, 6 EL Spargelkochwasser, Salz, Pfeffer und Öl verrühren. Den Spargel mit der Marinade übergießen und etwa 20 Minuten ziehen lassen.

+ Währenddessen die Limette heiß waschen, abtrocknen und ½ TL Schale fein abreiben, 1 EL Limettensaft auspressen. Avocado halbieren, entkernen und das Fruchtfleisch aus den Schalen lösen. Mit Joghurt, übrigem Spargelkochwasser, Limettensaft und -schale in einem hohen Rührbecher mit dem Stabmixer pürieren, salzen und pfeffern.

+ Zum Servieren den Spargel auf Teller verteilen, mit der Hälfte der Avocadocreme beträufeln und mit 1 Prise Chili bestreuen. Die übrige Creme separat dazu reichen.

DIE ERNÄHRUNGS-DOCS

In Spargel steckt der wasserlösliche Ballaststoff Inulin. Er sorgt dafür, dass das Gemüse nach dem Essen lange im Magen verweilt und wir uns anhaltend satt fühlen (siehe Seite 19). Zudem stärkt Inulin zusammen mit enthaltenen Saponinen (das sind bestimmte sekundäre Pflanzenstoffe) die Verdauung und die Darmflora. Dadurch werden stille Entzündungen gelindert.

Gemüse-Fritters mit Kräuterquark

Puffer gehen auch ohne Kartoffeln! Diese knusprig gebratenen Gemüseraspel mit Bergkäse und Kräuterquarkcreme haben das Potenzial zum neuen Pfannen-Hit.

Für 2 Personen
Zubereitung: 35 Minuten
Ziehen: 20 Minuten

150 g Möhren
150 g Zucchini
Salz
200 g Magerquark
1 EL kalt gepresstes Leinöl
1 kleine rote Zwiebel
½ Bund Petersilie
3 Stiele Dill
½ Bund Schnittlauch
Pfeffer aus der Mühle
30 g geriebener Bergkäse (mind. 30 % Fett i. Tr.)
1 Ei (Größe M)
1 TL geschälte Flohsamenschalen
2 EL Rapsöl zum Braten

Nährwerte pro Portion: ca. 360 kcal, 25 g EW, 24 g F, 12 g KH, 5 g BST, 6,5 g MUFS

+ Die Möhren und Zucchini putzen, schälen bzw. waschen und auf der Gemüsereibe grob raspeln. Die Raspel mit ½ TL Salz mischen und etwa 20 Minuten ziehen lassen.

+ Inzwischen Quark, 2 EL Wasser und Leinöl verrühren. Die Zwiebel schälen und fein würfeln. Die Kräuter waschen, trocken tupfen, Petersilienblätter und Dillspitzen abzupfen und fein hacken, Schnittlauch in feine Röllchen schneiden. 2 EL Kräuter für die Puffer beiseitestellen, den Rest mit Quark-Mix und Zwiebel verrühren, salzen und pfeffern.

+ Die Gemüseraspel in einem sauberen Küchentuch gut ausdrücken und mit Käse, Ei, Flohsamen und beiseitegestellten Kräutern in einer Schüssel mischen, die Masse salzen und pfeffern. Den Backofen auf 80 °C vorheizen.

+ Das Öl in einer großen Pfanne erhitzen. Pro Fritter 2 EL Gemüsemasse hineingeben und flach drücken. 3 bis 4 Fritters gleichzeitig bei mittlerer bis starker Hitze auf jeder Seite 3 bis 4 Minuten braten. Herausnehmen, auf Küchenpapier abtropfen lassen und im Ofen warm halten. Die übrige Masse ebenso zu Frittern verarbeiten. Mit dem Kräuterquark auf Teller verteilen und nach Belieben mit Kräutern garnieren.

DIE ERNÄHRUNGS-DOCS

Essen Sie abends Magerquark – das hilft beim Abnehmen über Nacht. Während wir schlafen, bildet der Körper vermehrt Wachstumshormone, die für die Regeneration und Zellbildung verantwortlich sind. Der hohe Eiweißgehalt im Magerquark (ca. 13 Gramm pro 100 Gramm) steigert die Stoffwechselaktivität zusätzlich, sodass wir mehr Fett und Kalorien verbrennen.

Wurzelgemüse mit Bohnendip

Bunte Wurzelvielfalt: Heimisches Gemüse aus dem Ofen bekommt mit einem würzigen Bohnendip und Granatapfelkernen eine raffiniert-orientalische Note.

Für 2 Personen
Zubereitung: 25 Minuten
Garen: 30–35 Minuten

1 rote Zwiebel
130 g Pastinaken, 150 g Möhren
150 g lila Möhren (z. B. Beta Sweet; ersatzweise normale Möhren)
100 ml glutenfreie Gemüsebrühe
1 EL glutenfreier Aceto balsamico
Salz, Pfeffer aus der Mühle
4 EL natives Olivenöl extra
100 g weiße Bohnen (aus der Dose)
150 g Sojajoghurt natur
1 Knoblauchzehe, ½ Bio-Zitrone
½ TL gemahlener Kreuzkümmel
½ Bund Petersilie
1 EL Granatapfelkerne (frisch oder tiefgekühlt und aufgetaut)

Nährwerte pro Portion: ca. 380 kcal, 10 g EW, 23 g F, 29 g KH, 8 g BST, 3,3 g MUFS

+ Den Backofen auf 200 °C vorheizen. Die Zwiebel schälen und in etwa 1 cm breite Spalten schneiden. Die Pastinaken und Möhren putzen, schälen und je nach Dicke der Länge nach halbieren oder vierteln.

+ Das Gemüse in einer Auflaufform verteilen. Brühe, Essig, Salz, Pfeffer und 2 EL Öl verrühren und mit dem Gemüse mischen. Das Gemüse im Ofen auf der mittleren Schiene 30 bis 35 Minuten garen.

+ Inzwischen für den Dip die Bohnen in einem Sieb abbrausen und abtropfen lassen. Den Knoblauch schälen und in feine Würfel schneiden. Die Zitrone heiß waschen, abtrocknen und 1 TL Schale fein abreiben, 2 EL Zitronensaft auspressen. Alles mit übrigem Öl und Sojajoghurt in einem hohen Rührbecher mit dem Stabmixer fein pürieren. Den Bohnendip mit Kreuzkümmel, Salz und Pfeffer würzen.

+ Zum Servieren die Petersilie waschen, trocken tupfen, die Blätter abzupfen und fein hacken. Das Wurzelgemüse aus dem Ofen nehmen und auf Teller verteilen. Den Bohnendip danebensetzen. Zuletzt alles mit Petersilie und Granatapfelkernen bestreuen.

DIE ERNÄHRUNGS-DOCS

Natives Olivenöl extra ist reich an der einfach ungesättigten Ölsäure, die antientzündlich wirkt und Krebs bremsen kann. Zudem liefert sie Vitamin E und verschiedene Polyphenole, allen voran Hydroxytyrosol. Dieser sekundäre Pflanzenstoff wirkt stark antioxidativ und schützt so Zellen und Gefäße. Wer regelmäßig Olivenöl verzehrt, schützt sich vor Herz-Kreislauf-Erkrankungen.

LE SABLÉ DE L'ABBAYE

Eiweißreiche Shakes & Snacks

Schlürfen und snacken Sie Gesundheit pur! Die Power-Smoothies und -Snacks enthalten kaum Kalorien, aber ordentlich Protein, das für lang anhaltende Sättigung und starke Muskeln sorgt. Gesunde Vitalstoffe gibt es on top.

HEIDELBEER-HÜTTENKÄSE-SHAKE

Für 2 Gläser (à ca. ¼ l): **50 g tiefgekühlte Wildheidelbeeren, 100 g körnigen Frischkäse (mind. 20 % Fett i. Tr.)** und **100 g griech. Joghurt (0,2 % Fett)** mit **1 EL gepufftem Amarant (4 g), 1 TL Chiasamen** und **¼ TL gemahlener Vanille** in den Standmixer geben. **¼ l Milch (1,5 % Fett)** dazugießen und alles cremig pürieren. Zum Servieren auf Gläser verteilen.

Nährwerte pro Glas: ca. 160 kcal, 13 g EW, 5 g F, 12 g KH, 3 g BST, 0,9 g MUFS

BEERENQUARK

Für 2 Personen: **400 g Magerquark** mit **60 ml Milch (1,5 % Fett)** cremig verrühren und auf Gläser oder Schalen verteilen. **Je 80 g Heidel- und Himbeeren** verlesen, waschen und trocken tupfen, auf den Quark setzen. Jede Portion noch mit **1 EL geschälten Hanfsamen** bestreuen.

Nährwerte pro Portion: ca. 230 kcal, 30 g EW, 4 g F, 13 g KH, 4 g BST, 0,3 g MUFS

GEMÜSE-SKYR-SMOOTHIE

Für 2 Gläser (à ca. ¼ l): **1 rote Spitzpaprikaschote (ca. 100 g), 100 g Salatgurke** und **100 g Cocktailtomaten** putzen und waschen bzw. schälen und in Stücke schneiden. Alles mit **200 g Skyr natur (0,2 % Fett), 2 TL nativem Olivenöl extra** und 100 ml kaltem Wasser im Standmixer cremig pürieren. Mit **Salz, Pfeffer** und **¼ TL Chiliflocken (Pul Biber)** würzen und nochmals kurz durchmixen. Zum Servieren auf Gläser verteilen.

Nährwerte pro Glas: ca. 135 kcal,
12 g EW, 6 g F, 8 g KH, 2 g BST, 0,6 g MUFS

GEMÜSE-STICKS MIT MANDELHUMMUS

Für 2 Personen: **100 g Kichererbsen (aus der Dose)** in einem Sieb abbrausen und abtropfen lassen. Mit **25 g dunklem Mandelmus, 1 EL nativem Olivenöl extra, 3 EL Zitronensaft** und 4 EL kaltem Wasser im Blitzhacker zu einer cremigen Masse pürieren. Den Hummus mit **¼ TL rosenscharfem Paprikapulver, Salz** und **Pfeffer** würzen. **2 kleine Möhren, 1 Kohlrabi (ca. 250 g)** und **1 kleine rote Paprikaschote** putzen und waschen bzw. schälen und in längliche Streifen schneiden. Die Gemüse-Sticks mit dem Hummus servieren.

Nährwerte pro Portion: ca. 255 kcal,
8 g EW, 14 g F, 19 g KH, 7 g BST, 2,8 g MUFS

Ratatouille-Halloumi-Eintopf

Der kräuterwürzige Eintopf mit Dosentomaten und frischem Gemüse ist ein Paradebeispiel für die schlanke Mittelmeerküche. Perfekt dazu: Halloumi als Eiweiß-Booster.

Für 2 Personen
Zubereitung: 45 Minuten

1 Aubergine (ca. 300 g)
je 1 rote und gelbe Paprikaschote
1 Zucchini (ca. 200 g)
1 rote Zwiebel
1 Knoblauchzehe
3 EL natives Olivenöl extra
Salz, Pfeffer aus der Mühle
1 TL getr. Kräuter der Provence
1 Dose stückige Tomaten (400 g)
½ l glutenfreie Gemüsebrühe
8 Zweige Thymian
125 g Halloumi (Grillkäse)

Nährwerte pro Portion:
ca. 540 kcal, 25 g EW, 40 g F, 16 g KH, 9 g BST, 5,1 g MUFS

+ Die Aubergine putzen und waschen, die Paprika längs halbieren, putzen und waschen, alles in etwa 1 ½ cm große Würfel schneiden. Die Zucchini putzen, waschen, längs vierteln und in etwa 1 cm dicke Scheiben schneiden. Die Zwiebel schälen, halbieren und in Streifen schneiden. Den Knoblauch schälen und fein würfeln.

+ Aubergine und Paprika in einem großen Topf in 2 EL Öl bei mittlerer Hitze etwa 3 Minuten anbraten. Zucchini, Zwiebel und Knoblauch kurz mitbraten. Alles mit Salz, Pfeffer und Kräutern der Provence würzen. Tomatenstücke und Brühe dazugießen, alles aufkochen und mit geschlossenem Deckel bei mittlerer Hitze etwa 25 Minuten köcheln lassen.

+ Inzwischen den Thymian waschen, trocken tupfen, die Blätter abzupfen und fein hacken. Den Halloumi trocken tupfen, etwa 1 ½ cm groß würfeln und in einer Pfanne im übrigen Öl bei mittlerer Hitze etwa 3 Minuten rundum goldbraun braten. Die Hälfte des Thymians etwa 1 Minute mitbraten. Den Halloumi nach etwa 20 Minuten Garzeit zum Eintopf geben und noch 5 Minuten mitgaren. Zum Servieren den Eintopf nochmals würzig abschmecken, auf tiefe Teller verteilen und mit übrigem Thymian bestreuen.

DIE ERNÄHRUNGS-DOCS

Mediterrane Kost mit reichlich Gemüse und Olivenöl, dazu eine gute Portion Proteine – das hilft, Fett in den Organen und am Bauch abzubauen (siehe Seite 18). Besonders gut wirkt die Mittelmeerdiät, wenn man gleichzeitig Kohlenhydrate reduziert – das haben Studien ergeben. Der Zuckerstoffwechsel kann effektiver arbeiten und die Zellen reagieren besser auf Insulin.

Selleriesuppe mit Nuss-Gremolata

Staudensellerie und Kartoffel ergänzen sich im Suppentopf aufs Feinste. Eine knusprige Walnuss-Gremolata sorgt für das gewisse Extra.

Für 2 Personen
Zubereitung: 30 Minuten

1 Schalotte
1 Knoblauchzehe
200 g Staudensellerie (mit Grün)
1 vorwiegend festkochende Kartoffel (ca. 100 g)
1 EL natives Olivenöl extra
300 ml glutenfreie Gemüsebrühe
30 g Walnusskerne
1 Bio-Limette
2 EL gehackte Petersilie
Salz, Pfeffer aus der Mühle
100 g Kochsahne (15 % Fett)

Nährwerte pro Portion:
ca. 320 kcal, 6 g EW, 27 g F, 14 g KH, 4 g BST, 10 g MUFS

+ Schalotte und Knoblauch schälen und fein würfeln. Den Sellerie putzen und waschen, das Grün beiseitelegen, die Stangen in etwa 1 cm breite Stücke schneiden. Die Kartoffel schälen, waschen und etwa 1 cm groß würfeln.

+ Schalotte und Knoblauch in einem Topf im Öl bei mittlerer Hitze etwa 2 Minuten andünsten. Sellerie und Kartoffel kurz mitdünsten und mit der Brühe ablöschen. Alles aufkochen und mit geschlossenem Deckel bei mittlerer Hitze etwa 20 Minuten köcheln lassen.

+ Inzwischen Nüsse grob hacken und in einer Pfanne ohne Fett bei mittlerer Hitze hell rösten. Herausnehmen und abkühlen lassen. Die Limette heiß waschen, abtrocknen und 1 TL Schale fein abreiben. Limette halbieren und 1 bis 2 EL Saft auspressen. Nüsse mit Limettenschale und Petersilie mischen, salzen und pfeffern. Die Suppe vom Herd nehmen, Sahne und Selleriegrün – bis auf 1 EL zum Garnieren – hinzufügen und alles im Topf mit dem Stabmixer fein pürieren. Die Suppe mit Limettensaft, Salz und Pfeffer abschmecken.

+ Zum Servieren die Suppe auf tiefe Teller verteilen und mit der Gremolata und dem übrigen Selleriegrün bestreuen.

DIE ERNÄHRUNGS-DOCS

Staudensellerie ist perfekt für alle Figurbewussten. Dank seines hohen Wassergehalts liefert er kaum Kalorien, füllt aber den Magen. Zudem punktet Staudensellerie mit den Vitaminen C und K, Beta-Carotin sowie reichlich Mineralstoffen wie Kalium und Kalzium. Sein Aroma verdankt er seinen ätherischen Ölen, die antibakteriell wirken und die Verdauung unterstützen.

Rote-Bete-Suppe mit Meerrettich

Diese Suppe ist nicht nur optisch ein Highlight, sie liefert auch jede Menge Vitalstoffe. Und mit ihrer leichten Meerrettichschärfe lässt sie Genießerherzen höherschlagen.

Für 2 Personen
Zubereitung: 35 Minuten

1 rote Zwiebel
200 g Rote Bete
100 g Knollensellerie
1 kleiner säuerlicher Apfel (z. B. Elstar)
2 EL natives Olivenöl extra
40 g Mandelblättchen
1 TL gemahlener Koriander
Salz, Pfeffer aus der Mühle
½ l glutenfreie Gemüsebrühe
30 g Meerrettichwurzel
100 g Mandelsahne
½ Beet Shiso-Kresse
1 EL glutenfreier Apfelessig

Nährwerte pro Portion:
ca. 420 kcal, 9 g EW, 30 g F, 23 g KH, 10 g BST, 6,9 g MUFS

+ Die Zwiebel schälen und fein würfeln. Rote Bete und Sellerie putzen, schälen und etwa 1 cm groß würfeln (Achtung, die Rote Bete färbt stark ab!). Den Apfel vierteln, schälen, entkernen und grob schneiden.

+ Die Zwiebel in einem Topf im Öl bei mittlerer Hitze etwa 3 Minuten andünsten. Rote Bete, Sellerie und Apfel etwa 5 Minuten mitgaren. 20 g Mandelblättchen unterrühren und mit Koriander, Salz und Pfeffer würzen. Die Brühe dazugießen, alles mit geschlossenem Deckel aufkochen und bei mittlerer Hitze etwa 10 Minuten köcheln lassen.

+ Inzwischen restliche Mandeln in einer Pfanne ohne Fett bei mittlerer Hitze hell rösten. Herausnehmen und abkühlen lassen. Den Meerrettich putzen, schälen und auf der Gemüsereibe fein raspeln (dabei am besten eine Schutzbrille tragen!). Die Suppe vom Herd nehmen, Mandelsahne und Meerrettich – bis auf 2 TL zum Garnieren – hinzufügen. Alles im Topf mit dem Stabmixer fein pürieren. Zum Servieren die Kresse vom Beet abschneiden, waschen und trocken tupfen. Die Suppe mit Essig, Salz und Pfeffer abschmecken und auf tiefe Teller oder Schalen verteilen. Mit übrigem Meerrettich, Mandelblättchen und Kresse bestreuen.

DIE ERNÄHRUNGS-DOCS

Wer täglich 1 Handvoll Mandeln isst, kann nachweislich sein Bauchfett reduzieren – das belegt eine amerikanische Studie. Die Kerne liefern reichlich Proteine und Ballaststoffe, die beide langfristig sättigen und somit Heißhungerattacken vorbeugen. Darüber hinaus stecken Mandeln voller Kalzium, Vitamin E und ungesättigten Fettsäuren, die den Fettabbau unterstützen.

Rote Linsen-Kokos-Suppe

Ingwerscharf und currywürzig: Diese thailändische Suppe mit roten Linsen und passierten Tomaten steht blitzschnell auf dem Tisch und wärmt wunderbar von innen.

Für 2 Personen
Zubereitung: 30 Minuten

2 Schalotten
1 Knoblauchzehe
15 g Ingwer
150 g Möhren
2 EL kalt gepresstes Rapsöl
40 g rote Linsen
2 TL rote Thai-Currypaste (aus dem Glas)
1 Dose passierte Tomaten (400 g)
1 kleine Dose Kokosmilch (200 g)
¼ l glutenfreie Gemüsebrühe
2 EL Cashewkerne
4 Stiele Koriandergrün
Salz, Pfeffer aus der Mühle
2 TL Limettensaft

Nährwerte pro Portion:
ca. 550 kcal, 12 g EW, 42 g F, 29 g KH, 11 g BST, 5,3 g MUFS

+ Schalotten, Knoblauch und Ingwer schälen und in feine Würfel schneiden. Die Möhren putzen, schälen, der Länge nach halbieren und schräg in dünne Scheiben schneiden.

+ Das Öl in einem Topf erhitzen und Schalotten, Knoblauch, Ingwer und Möhren darin bei mittlerer Hitze 3 bis 4 Minuten andünsten. Die Linsen in einem Sieb abbrausen und abtropfen lassen, dann mit der Currypaste zum Gemüse hinzufügen und kurz mitdünsten. Tomatenpüree, Kokosmilch und Brühe dazugießen. Alles mit geschlossenem Deckel aufkochen und bei mittlerer Hitze 10 bis 12 Minuten garen, bis die Linsen weich sind und zerfallen.

+ Inzwischen die Cashewkerne in einer Pfanne ohne Fett bei mittlerer Hitze hell rösten. Herausnehmen und abkühlen lassen, dann grob hacken. Den Koriander waschen, trocken tupfen, die Blätter abzupfen und grob hacken.

+ Zum Servieren die Suppe mit Salz, Pfeffer und Limettensaft abschmecken. Auf tiefe Teller oder Schalen verteilen und mit Cashewkernen und Koriander bestreuen.

DIE ERNÄHRUNGS-DOCS

Die im Ingwer enthaltenen Scharfstoffe, die sogenannten Gingerole, sorgen im Körper für eine erhöhte „Betriebstemperatur" und kurbeln damit den Stoffwechsel an. Zudem steigern sie die Fettverdauung. Ingwer regt darüber hinaus die Produktion von Magensäure an und hilft dabei, die körpereigenen Abwehrkräfte zu stärken (siehe Seite 33).

Aprikosensalat mit Garnelen

Fruchtig-frische Leichtigkeit: Lollo rosso und Aprikosen fügen sich hier mit gebratenen Kräutergarnelen und Oliven zu einer edlen Sommerkreation.

Für 2 Personen
Zubereitung: 30 Minuten

250 g rohe, geschälte Garnelen (frisch oder tiefgekühlt und aufgetaut)
3 Zweige Thymian
3 Stiele Petersilie
Salz, Pfeffer aus der Mühle
1 Schalotte
1 Knoblauchzehe
1 kleiner Lollo rosso (ca. 200 g)
40 g schwarze Oliven (ohne Stein)
2 Aprikosen (ca. 100 g)
2 EL glutenfreier Balsamico bianco
1 TL glutenfreier Dijon-Senf
4 EL natives Olivenöl extra
2 EL ungesalzene Pistazienkerne

Nährwerte pro Portion:
ca. 460 kcal, 28 g EW, 31 g F, 13 g KH, 6 g BST, 3,8 g MUFS

+ Die Garnelen waschen und trocken tupfen. Thymian und Petersilie waschen, trocken tupfen, die Blätter abzupfen und fein hacken. Dann Garnelen und Kräuter mischen, salzen und pfeffern. Schalotte und Knoblauch schälen und fein würfeln. Vom Salat die äußeren Blätter entfernen, den Salat waschen, trocken schleudern und die Blätter in mundgerechte Stücke zupfen. Die Oliven abtropfen lassen und in Ringe schneiden. Die Aprikosen waschen, halbieren, entsteinen und in etwa 1 cm breite Spalten schneiden.

+ Für die Vinaigrette den Essig mit 2 EL kaltem Wasser, Senf, Salz und Pfeffer in einer kleinen Schüssel verrühren und 3 EL Öl unterschlagen. Das übrige Öl in einer beschichteten Pfanne erhitzen und Schalotte und Knoblauch darin bei mittlerer Hitze andünsten. Die Kräutergarnelen dazugeben und bei mittlerer Hitze 3 bis 4 Minuten unter Wenden braten. Anschließend vom Herd nehmen.

+ Zum Servieren den Salat mit den Oliven mischen und auf Teller verteilen. Aprikosen und Kräutergarnelen daraufsetzen und alles mit der Vinaigrette beträufeln. Die Pistazien grob hacken und darüberstreuen.

DIE ERNÄHRUNGS-DOCS

Pistazienkerne liefern zwar gut 50 Gramm Fett pro 100 Gramm (vor allem mehrfach ungesättigte Fettsäuren), können aber trotzdem beim Abnehmen helfen. Forscher der Universität Los Angeles fanden heraus, dass übergewichtige Pistazien-Fans schneller einen niedrigeren BMI und günstigere Blutfettwerte erreichten als die Kontrollgruppe, die die grünen Nüsse nicht verzehrte.

Sesam-Knusperfisch mit Rettich

Würzige Miso-Paste und eine knusprige Sesamkruste sind der Clou bei diesem Fischrezept. Das Besondere dazu: eine Rettich-Rohkost auf japanische Art.

Für 2 Personen
Zubereitung: 25 Minuten

250 g Kabeljau- oder Rotbarschfilet
Salz, Pfeffer aus der Mühle
1 EL helle Miso-Paste (z. B. Shiro-Miso)
4 EL ungeschälter Sesam
1 Bio-Limette
2 EL glutenfreie Sojasauce (z. B. Tamari)
2 TL scharfe Chilisauce
2 TL geröstetes Sesamöl
1 Bund Radieschen
350 g Rettich
½ Bund Koriandergrün
2 EL helles Sesamöl

Nährwerte pro Portion: ca. 440 kcal, 32 g EW, 28 g F, 12 g KH, 7 g BST, 12 g MUFS

+ Den Fisch waschen, trocken tupfen, auf jeder Seite mit Salz und Pfeffer würzen und mit Miso-Paste bestreichen. Dann die Filets im Sesam wenden und gut andrücken.

+ Für das Dressing die Limette heiß waschen, abtrocknen und die Schale fein abreiben. Die Limette halbieren und 3 EL Saft auspressen. Limettenschale und -saft mit Sojasauce, Chilisauce, geröstetem Sesamöl und nach Belieben mit 2 TL Reissirup in einer Schüssel verrühren.

+ Die Radieschen putzen, waschen und in dünne Scheiben schneiden oder auf der Gemüsereibe dünn hobeln. Den Rettich putzen, schälen und mit dem Spiralschneider in nudelähnliche Streifen schneiden. Den Koriander waschen, trocken tupfen und die Blätter abzupfen. Einige zum Garnieren beiseitelegen, den Rest grob hacken. Radieschen, Rettich und gehackten Koriander mit dem Dressing mischen und die Rohkost leicht mit Salz und Pfeffer abschmecken.

+ Das helle Sesamöl in einer beschichteten Pfanne erhitzen und den Fisch darin auf jeder Seite 2 bis 3 Minuten goldbraun braten. Mit der Rohkost auf Teller verteilen und mit dem beiseitegelegten Koriander garnieren.

DIE ERNÄHRUNGS-DOCS

Rettich ist ein echtes Fitness-Gemüse und gilt zu Recht als Fatburner. Verantwortlich dafür sind vor allem Kalzium und Magnesium, die reichlich in den weißen Wurzeln enthalten sind und die Verdauungsenzyme aktivieren. Beim Ankurbeln der Fettverbrennung haben die beiden Mineralstoffe starke „Verbündete“: Vitamin C und Senföle, die dem Rettich auch Schärfe verleihen.

Ananas-Kraut-Salat mit Hähnchen

Eine ungewöhnliche Kombination: Sauerkraut und Ananas verbinden sich zu einem fruchtig-scharfen Salat, der mit Hähnchen und Cashewkernen lange satt macht.

Für 2 Personen
Zubereitung: 30 Minuten

2 kleine Hähnchenbrustfilets (à ca. 160 g)
1 TL edelsüßes Paprikapulver
Salz, Pfeffer aus der Mühle
2 EL kalt gepresstes Rapsöl
½ Bio-Orange
1 rote Pfefferschote (Peperoni)
1 EL Cashewmus
300 g Ananas
250 g frisches Sauerkraut (aus dem Kühlregal)
½ Bund Schnittlauch
30 g Cashewkerne

Nährwerte pro Portion:
ca. 505 kcal, 46 g EW, 25 g F, 19 g KH, 5 g BST, 4,8 g MUFS

+ Das Fleisch waschen und trocken tupfen. Paprikapulver, Salz und Pfeffer mischen und das Fleisch damit rundum einreiben. In einer beschichteten Pfanne in 1 EL Öl bei schwacher Hitze etwa 15 Minuten auf beiden Seiten braten.

+ Inzwischen die Orange heiß waschen, abtrocknen und 1 TL Schale fein abreiben, dann den Saft auspressen. Die Pfefferschote längs halbieren, putzen, waschen und klein würfeln. Für das Dressing Cashewmus, Orangenschale und -saft, Pfefferschote, 2 EL Wasser und übriges Öl in einer Salatschüssel verrühren, salzen und pfeffern.

+ Die Ananas putzen, schälen und den harten Strunk entfernen, das Fruchtfleisch in dünne Scheiben schneiden. Das Sauerkraut in einem Sieb abtropfen lassen, ausdrücken und etwas auflockern. Den Schnittlauch waschen, trocken tupfen und in feine Röllchen schneiden. 1 EL Schnittlauch zum Garnieren beiseitelegen, den Rest mit Ananas und Sauerkraut unter das Dressing mischen.

+ Zum Servieren Cashewkerne grob hacken. Das Fleisch in Scheiben schneiden und mit dem Salat anrichten. Mit den Cashews und dem beiseitegelegten Schnittlauch bestreuen.

DIE ERNÄHRUNGS-DOCS

Frisches Sauerkraut ist nicht erhitzt bzw. pasteurisiert und enthält jede Menge probiotische Milchsäurebakterien. Sie wirken sich positiv auf das Mikrobiom aus und fördern die Verdauung, indem sie sich im Darm ansiedeln und dort schädliche Bakterien verdrängen. Die Darmflora hat wiederum Einfluss auf den Blutzuckerspiegel – und somit auch auf das Gewicht.

Gemüse-Antipasti mit Salbeipute

Ein Hoch auf die italienische Küche: Im Ofen geröstetes Gemüse schmeckt mit kleinen Salbeischnitzeln nach Sommer und Urlaub.

Für 2 Personen
Zubereitung: 30 Minuten
Garen: 15 Minuten

je 1 kleine rote und gelbe Paprikaschote
150 g Zucchini
100 g kleine weiße Champignons
2 Schalotten
3 EL Olivenöl zum Braten
½ TL getr. Oregano
Salz, Pfeffer aus der Mühle
100 g Cocktailtomaten
1 Knoblauchzehe
2 EL glutenfreier Aceto balsamico
1 EL natives Olivenöl extra
2 Putenschnitzel (à ca. 125 g)
4 Blätter Salbei
Blätter von 2 Stielen Basilikum

Nährwerte pro Portion: ca. 400 kcal, 36 g EW, 22 g F, 11 g KH, 6 g BST, 2,8 g MUFS

+ Den Backofen auf 220 °C vorheizen. Die Paprika längs vierteln, putzen, waschen und quer in 1 bis 2 cm breite Streifen schneiden. Die Zucchini putzen, waschen und etwa 2 cm groß würfeln. Die Pilze putzen und, falls nötig, trocken abreiben. Die Schalotten schälen und in Spalten schneiden.

+ In einer Schüssel 2 EL Öl zum Braten, Oregano, Salz und Pfeffer mischen und das Gemüse darin gründlich wenden. Auf einem Backblech verteilen und im Ofen auf der 2. Schiene von oben etwa 15 Minuten garen.

+ Inzwischen Tomaten waschen und halbieren. Knoblauch schälen, sehr fein würfeln und mit Essig, 2 EL Wasser, Salz, Pfeffer und nativem Öl in einer Salatschüssel verrühren. Das Gemüse aus dem Ofen nehmen und mit den Tomaten unter die Vinaigrette mischen, etwa 10 Minuten ziehen lassen.

+ Währenddessen Schnitzel waschen, trocken tupfen und quer halbieren. Die Salbeiblätter in einer Pfanne im übrigen Öl zum Braten bei mittlerer Hitze knusprig braten, herausnehmen. Dann die Schnitzel darin auf jeder Seite 2 Minuten braten, salzen und pfeffern. Gemüse und Schnitzel mit dem Salbei auf Teller setzen und mit Basilikum garnieren.

DIE ERNÄHRUNGS-DOCS

Wer Champignons isst, kann viel für seine Versorgung mit B-Vitaminen tun. Die in den Pilzen enthaltenen Vitamine Riboflavin (B_2) und Niacin (B_3) sind beispielsweise für den Stoffwechsel und die Zellfunktion von Bedeutung. Außerdem spielen sie eine wichtige Rolle dabei, dass aus Kohlenhydraten, Proteinen und Fetten Energie für die Körperzellen gewonnen wird.

Wochenplan: 1600 Kalorien am Tag

Hier finden Sie eine Woche mit Rezepten für Frühstück, Mittagessen und ein Low-Carb-Gericht am Abend. So erreichen Sie ein leichtes Energiedefizit – ideal zum Abnehmen. Die Rezepte liefern 60 bis 87 Gramm Eiweiß und etwa 30 Gramm Ballaststoffe pro Tag.

FRÜHSTÜCK | **SATTMACHER** | **LOW-CARB-GERICHT**

1.

Leinölfrühstücksquark mit Beeren (Seite 40), 520 kcal

Reis-Linsen-Salat mit Mangold (Seite 78), 540 kcal

Ratatouille-Halloumi-Eintopf (Seite 142), 540 kcal

2.

Brote mit Erbsenmus und Spiegelei (Seite 62), 520 kcal

Sommerliche Fisch-Minestrone (Seite 102), 500 kcal

Aprikosensalat mit Garnelen (Seite 150), 460 kcal

3.

Weiße Smoothie-Bowl mit Pfirsich (Seite 42), 400 kcal

Brokkoli-Pasta mit Cashewsauce (Seite 82), 690 kcal

Gemüse-Antipasti mit Salbeipute (Seite 156), 400 kcal

4.

Grüne Shakshuka mit Spinat (Seite 66), 520 kcal

Quinoa-Buddha-Bowl mit Tempeh (Seite 88), 630 kcal

Rote-Bete-Suppe mit Meerrettich (Seite 146), 420 kcal

5.

Golden-Milk-Chiapudding (Seite 44), 380 kcal

Kürbis-Kokos-Curry mit Tofu (Seite 92), 715 kcal

plus Vollkorn-Basmatireis (60 g)

Sesam-Knusperfisch mit Rettich (Seite 152), 440 kcal

6.

Mediterranes Tofu-„Rührei" (Seite 64), 565 kcal

plus 1 Vollkorn-Brötchen-Sonne

Wirsingrouladen mit Hirsefüllung (Seite 90), 570 kcal

Spargelsalat mit Blumenkohl (Seite 130), 370 kcal

7.

Coffee-Overnight-Oats mit Papaya (Seite 46), 310 kcal

Paprikasteaks mit Ofengemüse (Seite 116), 680 kcal

Avocadosalat mit Kichererbsen (Seite 122), 460 kcal

Sachregister

Rezeptregister

V/W

HINWEIS:

Die Ratschläge in diesem Buch wurden mit größter Sorgfalt von Autoren und Verlag erarbeitet und geprüft. Eine Garantie kann jedoch nicht übernommen werden. Ebenso ist eine Haftung der Autoren bzw. des Verlags und seiner Beauftragten für Personen-, Sach- oder Vermögensschäden ausgeschlossen. Erkrankungen mit ernstem Hintergrund gehören in ärztliche Behandlung! Bei bereits bestehenden Beschwerden kann das Buch daher keinen fachärztlichen Rat ersetzen.

Z

WAS UNS WICHTIG IST:

Uns erreicht immer wieder die Bitte, in unseren Ernährungstipps doch komplett auf Fisch und Fleisch zu verzichten. Wir sind der Meinung, dass sie in Maßen grundsätzlich wertvolle Lebensmittel sein können. Allerdings ist es heute kaum noch möglich, Fisch und Fleisch mit gutem Gewissen zu konsumieren, da der ganz überwiegende Anteil nicht nachhaltig produziert wird. Wir raten dazu, so es dem Einzelnen möglich ist, beim Kauf auf Bioqualität und Umweltsiegel zu achten. Regelmäßig sollten Fisch und Fleisch nur an zwei Tagen in der Woche gegessen werden. Es gibt genug Rezepte in diesem Buch, um sich überwiegend vegetarisch zu ernähren.

Die Ernährungs-Docs

Dr. med. Anne Fleck ist seit Jahren anerkannte Expertin auf dem Gebiet der innovativen Ernährungs- und Präventionsmedizin. Die Fachärztin für innere Medizin und Rheumatologie mit besonderer Erfahrung in Naturheilverfahren und orthomolekularer Medizin verfolgt den ganzheitlichen Ansatz, moderne Schulmedizin, Zuwendung und Naturheilkunde effektiv zu kombinieren. Seit 2013 lebt und arbeitet sie im Herzen Hamburgs. Anne Fleck ist Mitglied in internationalen Fachgesellschaften und engagiert sich als Dozentin für moderne Gesundheitsansätze.

Dr. med. Jörn Klasen ist Facharzt für innere Medizin mit Schwerpunkt Magen-, Darm- und Lebererkrankungen, Ernährungsmediziner sowie Arzt für anthroposophische Medizin und Naturheilverfahren. Er kombiniert die konventionelle Medizin mit komplementärmedizinischen Methoden. Über 15 Jahre war er Chefarzt und zehn Jahre stellvertretender ärztlicher Direktor am Asklepios Westklinikum Hamburg. Seit 2015 ist er leitender Arzt des Zentrums für Integrative Medizin am Medizinicum (Klinikum Stephansplatz), Hamburg. Zudem verfasste er einige Bücher und Buchbeiträge und ist Diplom-Heilpädagoge.

Dr. med. Matthias Riedl ist ärztlicher Direktor der von ihm 2008 gegründeten medicum Hamburg MVZ GmbH, die Diabetologie und Ernährungsmedizin mit neun angrenzenden Facharztrichtungen ganzheitlich verbindet. Der Internist, Diabetologe und Ernährungsmediziner ist außerdem als Publizist für Fachzeitschriften und Verlage, Dozent auf internationalen Kongressen und Lehrbeauftragter zweier Universitäten tätig. Im Vorstand des Bundesverbands Deutscher Ernährungsmediziner (BDEM e. V.) engagiert er sich für die Förderung der Ernährungstherapie. Das Magazin „Focus" nahm ihn 2013 in seine Empfehlungsliste „Top-Mediziner" auf.

Dr. med. Silja Schäfer ist Ärztin für Allgemeinmedizin und Ernährungsmedizin und führt eine Schwerpunktpraxis für Diabetes und Ernährung in Kiel. Als ehemalige Leistungssportlerin und Trainerin interessierte sie sich schon früh für gesunde Ernährung. Jetzt als Hausärztin liegt es ihr am Herzen, eine gesunde und gesunderhaltende Ernährungsweise für alle zu ermöglichen. Seit Januar 2020 ergänzt sie das Team der beliebten Ernährungs-Docs im NDR.

ZU DEN AUTOR*INNEN

2015 war die Geburtsstunde einer bisher einzigartigen Fernsehreihe des NDR: Seither helfen die „Ernährungs-Docs“ Menschen, die an ihren Gesundheitsproblemen fast verzweifeln. Für **Matthias Riedl, Anne Fleck, Jörn Klasen** und **Silja Schäfer,** allesamt erfahrene Ärzte, gilt: Essen als Medizin! Sie setzen gezielt auf moderne Ernährungsstrategien, um Symptome deutlich zu verbessern oder Krankheiten sogar zu heilen. Und beweisen an Bord ihrer Hausboot-Praxis, dass durch eine Umstellung der Gewohnheiten oft schon innerhalb weniger Monate erstaunliche Erfolge erzielt werden können.

Weitere Bücher der Autoren:

- Die Ernährungs-Docs
- Diabetes heilen
- Starke Gelenke
- Gute Verdauung
- Gesunde Haut
- Starkes Herz
- Anti-Aging fürs Gehirn
- Zuckerfrei gesünder leben
- Gesund und schlank durch Intervallfasten
- Unser Anti-Jo-Jo-Methode

IMPRESSUM

Hinter jedem tollen Buch steckt ein starkes Team

Projektleitung: *Kathrin Ullerich*
Texte: *Franziska Pfeiffer*
Rezepte: *Martina Kittler*
Lektorat: *Kathrin Gritschneder*
Redaktionelle Mitarbeit: *Katharina Henze*
Covergestaltung: *ZERO Werbeagentur, München*
Grafische Gestaltung und Satz: *Julia Arzberger, Christopher Hammond*
Fotografie: *Claudia Timmann (andere siehe Bildnachweis)*
Foodstyling: *Pedro Torres*
Illustrationen: *Pauline Karlson*
Herstellung: *Frank Jansen*
Producing: *Jan Russok*
Druck & Bindung: *optimal media GmbH, Röbel*

In Zusammenarbeit mit und lizenziert durch nonfictionplanet GmbH, Hamburg

7. Auflage 2025

Neumühlen 17, 22763 Hamburg
ISBN: 978-3-96584-195-6
Redaktionsanschrift:
ZS, Edel Verlagsgruppe GmbH,
Kaiserstraße 14b, 80801 München
www.zsverlag.de/kontakt
www.edelverlagsgruppe.de/kontakt

BILDNACHWEIS

Shutterstock: S. 9, 15, 17, 22, 23, 24, 25, 31, 32, 33, 34

LIEBE LESER*INNEN

wie schön, dass Sie ein Buch von ZS in den Händen halten. „jetzt leben!“ ist das Motto unseres Verlages. Es steht für Genuss und Inspiration, Unterstützung und Motivation. Ob Kulinarik oder Fitness, Gesundheit oder Lebenshilfe – seit über 30 Jahren bieten wir kompetente Ratgeber für (fast) alle Lebenslagen. Wir lieben Tradition genauso wie Innovation – sie treiben uns an. Unsere Autor*innen sind Menschen, die zu ihrem Thema wirklich etwas zu sagen und zu schreiben haben. Unsere Produkte sind erzählerisch, appetitmachend und als gedruckte Bücher haptisch echte Erlebnisse. Für Sie mit ganz viel Liebe gemacht! Entdecken Sie mehr aus unserer wunderbaren Welt!

UNSER VERLAGSHAUS

Mit Standorten in Hamburg und München zählt die Edel Verlagsgruppe zu den größten unabhängigen Buchanbietern Deutschlands. Zur Gruppe gehören die Verlage Dr. Oetker Verlag, Edel Sports, KARIBU und ZS.

ZS - Ein Verlag der Edel Verlagsgruppe
www.zsverlag.de
www.facebook.com/zsverlag
www.instagram.com/zsverlag

NEWSLETTER

Was koche ich heute Feines? Und wie geht das – schmackhaft und gesund?

Melden Sie sich jetzt zum ZS-Genuss-Service an und verpassen Sie keine kulinarischen und gesundheitlichen Trends mehr.
Wir informieren Sie regelmäßig über unsere Neuerscheinungen, Aktionen oder Gewinnspiele und verraten Ihnen unsere Lieblingsrezepte!

GEWINNEN

Unter allen Neuabonnierenden verlosen wir jeden Monat eine *ZS-Genuss-Box* im Wert von 75,00 €.

Jetzt anmelden unter:
www.zsverlag.de/newsletter
oder den QR Code scannen:

ANMELDEN!

Die beste Medizin kommt aus der Küche

Die Ernährungs-Docs
Unsere 100 besten antientzündlichen Rezepte

ISBN 978-3-96584-419-3

Gesunder Genuss für jeden Tag